# Race, ethnicité, nation

## Amsterdam Poche

John Bellamy Foster
*Marx Ecologiste*

Roger Ekirch
*La Grande transformation du sommeil*

David Harvey
*Brève histoire du néolibéralisme*

C.L.R. James
*Les Jacobins noirs*

Nicos Poulantzas
*L'État, le pouvoir, le socialisme*

Alexis Zimmer
*Brouillards toxiques*

Florent Gabarron-Garcia
*L'Héritage politique de la psychanalyse*

Dipesh Chakrabarty
*Provincialiser l'Europe*

Stuart Hall

# Race, ethnicité, nation

## Le triangle fatal

*Avant-propos de Henry Louis Gates Jr.*
*Édition et postface de Kobena Mercer*

*Traduit de l'anglais par*
*Jérôme Vidal*

Éditions Amsterdam

2025

Stuart Hall a été directeur du Centre for Contemporary Cultural Studies de Birmingham, puis professeur à l'Open University de Londres. Trois autres de ses ouvrages sont parus aux Éditions Amsterdam : *Le Populisme autoritaire* et *Identités et Cultures 1* et *2*.

CNL CENTRE NATIONAL DU LIVRE

Cet ouvrage a bénéficié de l'aide à la traduction
du Centre national du livre

Le traducteur tient à remercier Charlotte Nordmann pour l'aide précieuse qu'elle a apportée à la réalisation de cette traduction.



Titre original : *The Fateful Triangle: Race, Ethnicity, Nation*



15, rue Henri-Regnault
75014 Paris
www.editionsamsterdam.fr
facebook.com/editionsamsterdam
Twitter : @amsterdam_ed

ISBN : 978-2-35480-316-2

Diffusion-distribution :
Les Belles Lettres

# Sommaire

# Avant-propos

*Henry Louis Gates Jr.*

« Quand les Européens du Vieux Monde rencontrèrent pour la première fois les peuples et les cultures du Nouveau Monde, dans les années 1400, ils se posèrent une grande question : non pas « Es-tu un fils et un frère, es-tu une fille et une sœur ? » [...], mais bien plutôt « S'agit-il vraiment d'hommes ? Appartiennent-ils à la même espèce que nous ? Ou sont-ils le fruit d'une autre création ? »

Stuart Hall, *infra*, p. 53.

Lorsqu'en avril 1994, Stuart Hall vint à l'université d'Harvard parler dans le cadre des *Du Bois Lectures*, ce n'était pas pour réaffirmer ce que nous savions déjà. Il n'avait aucun désir de répéter une nouvelle fois des arguments déjà anciens, ni de se joindre au chœur de tous les universitaires qui, depuis des décennies, avaient vaillamment dénoncé le fait que la « race » n'était qu'une construction sociale, un phénomène linguistique n'ayant que peu à voir avec la biologie et tout à voir avec le pouvoir. Hall voyait déjà au-delà de cette conception : dans un monde toujours plus mondialisé, il était fasciné par la centralité et la persistance tenace de la « race » comme marqueur de différences biologiques essentielles, malgré tous les efforts de tant d'esprits brillants – au moins depuis W. E. B. Du Bois et jusqu'à Kwame Anthony Appiah – pour démontrer le contraire. On a beau savoir que le concept scientifique de race est mensonger, nos yeux ne mentent pas non plus, observe Hall, et tant que les gens pourront voir et pointer des différences de couleur de peau – sans même parler de texture des cheveux ou d'autres traits physiques –, on aura du mal à les empêcher d'en tirer des conclusions hâtives quant aux sources de ces différences et à la signification qu'ils leur attribuent : des variations collectives du QI censément ancrées dans la génétique à l'aptitude « naturelle » à la production de culture et à l'accès à la civilisation, selon une idée aussi ancienne que les Lumières.

Ce qu'on pourrait appeler le « dilemme de Hall » – le défi de parvenir à empêcher les gens conférer de la signification à la « race » en tant que catégorie biologique de la différence, fondée sur des différences superficielles perceptibles à l'œil – est aussi vieux que certaines des premières rencontres européennes avec l'« autre » en Afrique et dans le Nouveau Monde à l'époque moderne (soit il y a cinq cent ans), lorsque des différences de culture et de phénotype fusionnèrent avec le désir économique et l'exploitation pour produire « l'Africain » comme nouveau signifiant essentiellement négatif.

Par la suite, pendant des siècles, ce composé toxique a nourri l'instinct éminemment humain consistant à nous définir à travers quelques-unes de nos différences les plus évidentes, et souvent « mesurables », comme la couleur de peau, la taille du crâne, la largeur du nez ou d'autres particularités corporelles, toutes rassemblées en vrac sous la catégorie de « race », qui elle-même, selon les moments, pouvait être amalgamée à l'ethnicité, la religion et la nationalité, ou être séparée d'elles.

À travers ce que Hall a décrit comme une « chaîne d'équivalences » (selon un concept emprunté à la philosophie politique de l'Argentin Ernesto Laclau) reliant, de façon certes lâche, mais néanmoins meurtrière, ce que l'œil voit et ce que l'esprit perçoit, des hiérarchisations de différents types ont été élaborées. Les personnes au pouvoir ont acquis une autorité leur permettant de produire un savoir sur ce que signifiaient ces différences, arbitrairement élevées au-dessus des autres en importance, puis de s'appuyer sur ces différences, ou sur cette chaîne de différences, avec des conséquences catastrophiques dans le monde réel.

Hall était également intrigué par la façon dont les groupes opprimés eux-mêmes, dans des actes apparemment émancipateurs, n'abandonnaient pas ces catégories mais au contraire en retournaient l'usage, se faisant les champions de la fierté raciale ou ethnique, comme s'ils croyaient qu'après avoir survécu aux effets meurtriers de l'essentialisation, le moyen le plus efficace de vaincre, par exemple, le racisme anti-noir ou anti-basané (*anti-brown*), ou encore le colonialisme, était de retourner le stigmate, de revendiquer leurs différences physiques et de s'essentialiser. Ainsi furent tracées les frontières de « nations au sein des nations », ainsi ceux du centre et ceux de la périphérie s'enfermèrent-ils dans une lutte dont l'enjeu était le pouvoir plutôt que les *termes discursifs* exprimant ou reflétant ce pouvoir. En d'autres termes, Hall observe que, dans un monde confus fait de mélanges et de migrations, les frontières de la race, de l'ethnicité et de la nationalité parviennent cependant à rester distinctes – un phénomène qui non seulement choquait sa sensibilité cosmopolite, mais le troublait profondément, lui qui était à la recherche d'un meilleur signifiant, plus juste et plus fiable, de la différence culturelle.

Ce qui conférait à la quête de Hall son urgence était le fait que, au milieu des années 1990, le monde connaissait un rétrécissement rapide, un siècle cédant la place à l'autre à une époque d'accélération des évolutions technologiques, d'accroissement de l'interdépendance économique et des migrations de masse, qui s'accompagnaient en outre d'un essor du fondamentalisme tant racial, ethnique et national que religieux. Hall voyait des lueurs d'espoir dans les aspirations créatives des groupes marginaux revendiquant de nouvelles « identifications » et « positionnalités » (*positionalities*) et se façonnant, sur la base d'une expérience historique partagée, « des signifiants d'une nouvelle forme de modernité ethnicisée, à proximité de la pointe avancée d'une nouvelle iconographie et d'une nouvelle sémiotique, qui sont en train de redéfinir le "moderne" lui-même » (voir la deuxième conférence), un thème que Hall avait exploré dans son essai séminal intitulé « Nouvelles ethnicités », présenté pour la première fois lors d'une conférence à l'Institute of Contemporary Arts à Londres, en 1988.

Au même moment, pourtant, il constatait qu'il y avait tout lieu de s'inquiéter de la possibilité que le monde se disloque et que ses vieilles coutures usées cèdent à l'instant même où il commençait à se rassembler : confrontées à la perspective – ou à la menace – d'un changement significatif, les catégories rigides de différence raciale, ethnique et nationale se rigidifiaient encore davantage. Hall « prônait [quant à lui] une compréhension différente, postcoloniale du multiculturalisme », comme l'écrit l'historien James Vernon. Un multiculturalisme qui « reconnaissait et célébrait en même temps la nature hybride et abâtardie des cultures que l'esclavage et la colonisation avaient à la fois produites et déplacées. L'histoire coloniale garantissait qu'il soit désormais impossible de concevoir des communautés ou des traditions particulières dont les frontières et l'identité soient stables et bien établies. »

Mais aussi réaliste que fût Stuart Hall quant à la force et à la résilience indiscutables des schèmes raciaux, ethniques et nationaux, il n'était pas venu à Harvard, en avril 1994, pour passer un disque rayé. Comme il le déclare dans sa première conférence, son but était « de compliquer et de déstabiliser » les notions de race, d'ethnicité et de nation obstinément entretenues par la société – ce qu'il qualifiait de « triangle fatal », pour reprendre le titre de sa série de conférences – et d'esquisser par là de nouvelles manières de nous définir au XXI<sup>e</sup> siècle. Il montrait ainsi non seulement que ces anciennes catégories de différenciation ne parvenaient pas à saisir le caractère confus de l'existence humaine, ses mille intersections d'identités, de passés et d'antécédents, mais il affirmait nettement qu'en prétendant représenter quelque chose qui s'apparenterait à des frontières nettes entre les groupes, ces vieilles catégories étaient porteuses d'histoires d'oppression et entretenaient la dangereuse « pensée de groupe » (le conformisme intellectuel au sein d'un groupe), tout en confortant des conceptions hiérarchiques de la différence culturelle. De tout cela, il fallait faire table rase, et Stuart était bien décidé à s'en charger.

Son intervention a pour cadre les trois *W. E. B. Du Bois Lectures* qu'il donna dans la salle 105 d'Emerson Hall, à l'université d'Harvard. Je peux vous en parler car j'y ai moi-même assisté : cela faisait alors trois ans que je dirigeais l'Institut W. E. B. Du Bois pour la recherche africaine et africaine-américaine, qui sponsorise chaque année les *Du Bois Lectures* au titre de notre mission de promotion de la recherche sur les histoires et les cultures d'Afrique et de la diaspora africaine. J'étais ravi que Stuart ait accepté de venir nous parler et, comme le reste de l'assistance, j'étais fasciné par l'imagination et le courage qu'il déployait pour être fidèle à la devise dont il s'était imprégné auprès de son frère spirituel Antonio Gramsci et qu'il cita au cours de sa deuxième conférence : « pessimisme de l'intelligence, optimisme de la volonté. » Aussi affable qu'il fût, Hall n'en était pas moins le dissident par excellence : fuyant les vérités héritées, il prônait un mode d'être au monde plus ouvert, toujours et inlassablement révisable – alors que le monde, à l'époque que nous vivons, ne cesse lui-même de bouger sous nos pieds.

Le milieu des années 1990 fut – pour reprendre une formule de Hall – un moment « conjoncturel » : les forces de la mondialisation déracinaient alors en même temps qu'elles alimentaient les concepts de différence raciale, ethnique et nationale à travers l'Europe et les États-Unis. Refusant de se satisfaire d'une lutte confinée au même terrain et aux mêmes batailles, Hall nous demande, dans sa troisième conférence, d'envisager que la métaphore la plus susceptible de libérer les énergies du possible dont étaient porteuses les populations en train de quitter rapidement les périphéries de la société pour rejoindre son centre était celle de la *diaspora*, une catégorie dotée d'une dimension historique avec laquelle nous étions déjà familiers. Dans ce meilleur des mondes qui est le nôtre, le terme de *homelessness*, qui qualifie l'état de celui qui est dépourvu de « foyer », est bien mieux à même de décrire la condition postmoderne que la revendication d'un foyer qui n'a jamais réellement existé sous une forme pure et originelle. « Le scepticisme de Hall concernant l'essentialisme fait naître la possibilité d'une conversation qui pourrait s'achever sur une radicale *homelessness*, un sans-abrisme radical », écrit ainsi Grant Farred dans son introduction à un numéro spécial du *South Atlantic Quaterly* consacré à Hall. En tant qu'immigrant parlant des immigrants partout dans le monde, Hall cherchait à se sentir chez lui sans pour autant devenir « à l'image » de la culture majoritaire. « Formulée à travers ce rejet, la formule "Nous ne deviendrons pas comme vous" illustre, nous explique Farred, la tension qui a modelé Hall en tant que penseur. »

Pour Hall, le terme de « diaspora » évoquait le mouvement incessant qu'il voyait à l'œuvre dans le monde autour de lui, et il était intimement lié à la modernité. Il signifiait aussi appartenir à une culture, une tradition, un héritage, en un mot à une trajectoire historique qui nous relie tous, sans pour autant fermer la porte à de nouvelles transformations ni à de nouvelles parentés. Il avait moins à voir avec les origines qu'avec les trajectoires. L'intention de Hall n'était pas simplement de copier la métaphore de la diaspora pour la coller sur l'humanité de la fin du xxe siècle. Il voulait d'abord arracher le mot à son histoire – au meilleur comme au pire de cette dernière –, pour le proposer ensuite comme un terme nouveau pour les nouvelles constructions de la subjectivité engendrées par la nouvelle ère de mondialisation. « Aujourd'hui, quand je demande à quelqu'un d'où il vient, je m'attends à ce que la réponse soit très longue », dit ainsi Hall dans le documentaire de 2013 intitulé *The Stuart Hall Project*. Dans ces trois conférences données à Harvard, il formule sa réponse à ce phénomène et livre une réflexion originale sur la façon d'y répondre d'une manière susceptible d'encapaciter ceux qui avaient longtemps été marginalisés dans les batailles concernant la religion, la science et le multiculturalisme. Et il le fait depuis le cœur des études africaines et africaines-américaines, dans l'une des universités les plus pluralistes au monde.

Arrivé en Angleterre de sa Jamaïque natale à l'automne 1951 grâce à une bourse Rhodes pour faire des recherches au sein du Merton College, à l'université d'Oxford, Hall avait d'abord été chargé de cours en littérature anglaise. À l'époque où il vint nous parler, il était professeur de sociologie et directeur du département de sociologie de l'Open University, en Angleterre (qu'il avait rejointe en 1979). Pour ceux qui étudiaient ses textes comme pour ceux qui révéraient en lui le héros et pour ceux qui l'aimaient comme enseignant et comme ami, il était le père fondateur (avec Richard Hoggart et Raymond Williams) du champ des *cultural studies*, qu'il avait lancées en tant que directeur et fondateur de la *New Left Review* en 1960 et, à partir de 1964, en tant que membre du Centre for Contemporary Cultural Studies, à l'université de Birmingham, dont il devint directeur adjoint en 1968, puis directeur en 1972. Il s'était également fait connaître en tant que critique résolu et implacable du « thatcherisme ».

Margaret Thatcher a dirigé le Parti conservateur au Royaume-Uni de 1975 à 1990, et occupé le poste de Premier ministre de 1979 à 1990 – Stuart Hall fut l'un de ses plus farouches et pénétrants critiques. L'analyse qu'il consacra à la forme particulière de conservatisme promue et mise en œuvre par Thatcher, puis par le New Labour et enfin plus généralement au néolibéralisme fut engagée au moment où il travaillait au sein de la *New Left Review*. Elle se poursuivit avec le travail collectif présenté dans *Policing the Crisis*, paru en 1978, pour s'achever une décennie plus tard avec *The Hard Road to Renewal: Thatcherism and the Crisis of the Left*, paru en 1988. On considère souvent que les écrits politiques de Hall et ceux portant sur la race et la culture forment deux discours parallèles et indépendants, mais ils sont en réalité inextricablement liés, participant tous deux d'un effort global de compréhension du monde dans lequel nous vivions.

Au cours de cette période, Hall resta un représentant majeur du champ des *cultural studies*, lequel reçut, à partir de la fin des années 1980 et du début des années 1990, un accueil enthousiaste de la part des africains-américanistes, ce qui donna lieu à des collaborations avec Autograph ABP (fondée en 1988 sous le nom d'Association of Black Photographers) et avec l'Institute of International Visual Arts (Iniva, fondé en 1994), ainsi qu'avec des artistes et des réalisateurs de premier plan du British Black Arts Movement, comme Isaac Julien et John Akomfrah, Joy Gregory et Rotomi Fani-Kayode, ou encore des conservateurs de musée comme David A. Bailey, Mark Sealy et, plus tard, Renée Mussai. Hall était le président à la fois d'Autograph ABP et d'Iniva, et il fit beaucoup pour que les deux organisations puissent s'installer, en 2007, dans un bâtiment commun construit par Sir David Adjaye à Rivington Place. Stuart Hall tenait une place centrale dans le Black Arts Movement, en tant que théoricien, mentor, ami et esprit tutélaire : il fut une source d'inspiration non seulement pour des artistes et des réalisateurs, mais aussi pour d'autres théoriciens plus jeunes que lui, comme Hazel V. Carby, Paul Gilroy et Kobena Mercer. De plus, ce fut lui qui, par ses travaux et ses initiatives, créa des ponts entre le champ des *african american critical studies* et celui des *cultural studies* noires britanniques. De même que son travail contribua à élargir la perspective des *cultural studies* et les amena à prendre en compte la race et le genre, il aida également les études africaines américaines à prendre en considération la classe et les définitions cosmopolites ou internationales de la race et de l'ethnicité.

Autant à l'écrit, Stuart Hall était ardent, pénétrant, abscons et provocateur, autant à l'oral il était lyrique, harmonieux, passionné et parfois rhapsodique – après lui, pour toute une génération de critiques et de commentateurs, il ne fut plus possible de parler de la même façon des questions de race et de différence culturelle. Si l'on voulait le suivre, et partager le même espace que lui, il fallait être à la fois curieux et agile. Il voulait nous amener à tout questionner, aussi bien sa position subjective que la nôtre.

C'est Raymond Williams qui m'a parlé pour la première fois de Stuart Hall, dans son bureau du Jesus College, à l'université de Cambridge, au cours de l'année universitaire 1973-1974. J'étais chargé de cours en littérature anglaise (je faisais de mon mieux sachant que je m'étais spécialisé en histoire pendant mes études à Yale). Nous assurions ensemble une « supervision » (c'est-à-dire un tutorat) dans le cadre d'un enseignement sur la tragédie. Ce n'est qu'environ dix ans plus tard que je pris conscience que Stuart Hall était noir. Si l'origine jamaïcaine de Hall était importante pour le professeur Williams, il était tout aussi important pour lui, pour rester fidèle à ses principes politiques et esthétiques marxistes, de ne pas le mentionner, et peut-être tout particulièrement à un jeune Africain Américain. Lorsque je l'appris, je fus proprement stupéfait et, encore aujourd'hui, plus de quarante ans après, je ne peux pas m'empêcher d'être ahuri par la décision de Williams de le passer sous silence. Vous pouvez me croire, au milieu des années 1970, alors que je m'efforçais avec peine de m'orienter dans la jungle de la théorie littéraire à l'université de Cambridge, il ne m'aurait pas été inutile de disposer d'un signifiant noir : quelqu'un qui aurait pu jouer un rôle similaire à Wole Soyinka et Kwame Anthony Appiah, qui, à la même période exactement, me guidèrent vers les études africaines et éclairèrent mon chemin. Lorsque je rencontrai pour la première fois Stuart, à la fin des années 1980, je lui rapportai cette anecdote pour lui expliquer pourquoi je n'avais pas fait le pèlerinage jusqu'à Birmingham depuis Cambridge à l'époque. Il n'eut pas l'air tellement surpris : Williams – pour qui j'avais le plus grand respect – estimait sans doute, en un sens, qu'il suffisait de ne pas en parler pour que « ça » n'existe pas.

À l'inverse, pour Stuart, enseigner signifiait porter au jour le plus de choses possibles et rendre public ce que nous savons de nos positions subjectives. Rien ne devait échapper à la contestation ni au débat. Dans un article récent sur l'enseignement de Hall, Angela McRobbie évoque son engagement en faveur d'une « pédagogie ouverte », visant à impliquer les gens n'appartenant pas à l'élite. « Malgré toutes ses réalisations théoriques majeures, nous rappelle encore Lawrence Grossberg dans la notice nécrologique qu'il a rédigé pour celui qui fut autrefois son mentor, Stuart n'était pas un philosophe, et il ne fonda certainement pas un nouveau paradigme philosophique. Il adorait la théorie, mais son travail n'avait jamais un but simplement théorique : il visait toujours à comprendre et à transformer les réalités et les possibilités offertes aux gens pour vivre ensemble dans le monde. »

Cherchant à résumer l'objectif qui était le sien lorsqu'il vint à Harvard en cette fin du XXe siècle, Hall déclara qu'il voulait actualiser l'audacieux avertissement formulé par Du Bois au début du siècle et « montrer que la question de l'ethnicité – mais aussi, d'une part, de la race et, d'autre part, de la nation, avec lesquelles elle entretient des relations délicates et problématiques – pose un problème clé qui vient perturber chacun de ces trois termes ». Il ajoutait encore : « Formuler la question de cette façon nous permet de poser ce que je considère comme le problème essentiel du XXIe siècle – celui de la différence et de la nécessité de vivre avec elle – d'une manière qui non seulement évoque le problème de la "ligne de partage des couleurs", que W. E. B. Du Bois signalait il y a plus de cent ans, mais qui de plus permet d'en ressaisir une transformation historiquement spécifique. » Le problème que voulait soulever Hall n'était plus ancré dans le contexte historique qui était celui du discours de Du Bois – celui des lois Jim Crow, qui organisaient la ségrégation sur la base de la couleur – : il s'agissait du problème de la différence au sens le plus large. Avant de pouvoir envisager une solution, Hall estimait essentiel de montrer à la fois en quoi s'appuyer sur ces anciennes catégories était une erreur, dans la mesure où elles étaient inextricablement mêlées à des relations de pouvoir, mais aussi combien les défendre nous faisait courir le risque de favoriser le fondamentalisme – un avertissement qui apparaît aujourd'hui remarquablement prophétique.

Pour analyser le problème, Hall se livre à une explication virtuose du fonctionnement de chaque catégorie de la différence, montrant comment des différences superficielles, visibles à l'œil, se trouvent traduites en jugements inférés par l'esprit qu'il est difficile, même au plus doué des spécialistes, de dissiper en pointant des faits. Il en aurait cependant fallu plus pour l'empêcher d'essayer. Comme l'explique dans un article récent le théoricien de la culture Tony Bennett, selon Hall, « les éléments composant toute formation hégémonique peuvent toujours être isolés et recevoir une nouvelle signification et une nouvelle direction politique, à travers la pratique de la politique, c'est-à-dire – dans l'esprit de Stuart – principalement d'un ensemble de luttes idéologiques-discursives ». Dans le cas de la race, de l'ethnicité et de la nationalité, Hall doutait qu'aucun de ces discours puisse faire l'objet d'une réappropriation à des fins soutenables. Si les différences, d'une sorte ou d'une autre, étaient inévitables, il n'en allait pas de même du choix des métaphores pour les désigner – comme des implications et des effets sociaux et politiques de ces métaphores. Et l'enjeu ici ne concerne pas uniquement la sémantique, mais les espaces que ces mots ouvrent pour de nouvelles subjectivités et de nouvelles valeurs.

Pour l'anthropologue David Scott, le travail de Hall – et notamment son essai intitulé « Nouvelles ethnicités », qui avait marqué un tournant dans la réflexion sur le sujet – se caractérisait par l'élaboration des « éléments d'une éthique de soi et de l'autre qui accorde l'attention la plus vive aux *périphéries*, aux *marges*, aux endroits où l'"identité" ne peut plus se maintenir avec certitude et où l'ambiguïté, l'altérité, la finitude et l'extérieur se mettent à décentrer et à saper les fables d'une présence à soi stable qui sont les siennes. Stuart nous invite à envisager sérieusement qu'il y a quelque chose de fondamentalement réducteur et *par conséquent* de moralement appauvrissant dans le tableau des personnes humaines et des interactions humaines qui émerge de l'admiration unilatérale des Lumières pour un soi souverain et autonome, légiférant sur ce qui est uniment bon pour tous. Il suggère ainsi que nos chances de prospérer sont fonction de notre capacité à nous *rendre* ouverts à notre propre vulnérabilité, à notre propre réceptivité fragile et exposée à la différence. »

Comme beaucoup d'entre nous à l'université, Larry Grossberg « n'avai[t] jamais rencontré un universitaire comme lui auparavant : humble, généreux, passionné, quelqu'un qui traitait tout le monde avec un égal respect et écoutait ce que chacun avait à dire, qui pensait que les idées avaient une importance *du fait de* notre responsabilité en tant qu'intellectuels envers les personnes et le monde ». Et de poursuivre : « Stuart ne nous apprenait pas quelles étaient les questions, et il ne nous apportait certainement pas les réponses. Il nous apprenait à penser en mettant les choses en relation et en contexte, et par conséquent il nous apprenait à poser des questions. Il nous apprenait à penser et même à vivre avec la complexité et la différence. » Hall ne proposait pas de solutions : il nous montrait une approche pour vivre dans un monde fait de vies entrelacées.

« Je suis vraiment très heureux d'être ici », avait déclaré Hall dans un entretien accordé au *Harvard Crimson,* le quotidien étudiant de Harvard, à l'occasion de sa participation aux *Du Bois Lectures* en 1994. « L'Institut Du Bois, au cœur de Harvard, mène un travail politique extrêmement important, et je suis ravi d'avoir été invité à venir y parler. » Mais j'ose affirmer que j'étais moi-même plus ravi encore de sa présence. Accueillir Stuart Hall à l'Institut Du Bois fut l'un des moments intellectuels les plus importants de ma carrière universitaire. Cet ouvrage a à mes yeux une double utilité : il préserve la mémoire de ce moment tout à fait particulier où, pourrait-on dire, le champ des *cultural studies* a rencontré celui des études africaines et africaines américaines, et il permet à de nouvelles générations de chercheurs et d'étudiants de dialoguer avec les idées visionnaires de ce grand penseur concernant l'identité dans un monde mondialisé. Mon seul regret est que Stuart et sa femme Catherine n'aient pas pu se joindre à l'équipe du département des études africaines et africaines américaines pour fêter cette publication, Stuart étant décédé en 2014, à l'âge de quatre-vingt-deux ans, trop tôt pour voir publiées ses conférences.

« Traversant tout le travail de Stuart, du début à la fin, notait Homi Bhabha dans un article sur l'héritage de Hall, se lit la conviction que la culture et la politique sont des pratiques "sans garanties". » Cette conviction s'étendait certainement aussi aux notions de race, d'ethnicité et de nationalité, en dépit de leur persistance dans la pensée et l'action humaines. Si juste que soit la remarque de Bhabha concernant cette absence de garantie, il en est une que je peux donner aux lecteurs de ce volume : il ne fait aucun doute que vous serez aussi « compliqués et déstabilisés » par l'esprit admirable de Hall que nous l'avons été il y a bien des années, alors que nous étions rassemblés dans l'Emerson Hall de Harvard Yard pour l'écouter, fascinés, suspendus à ses lèvres – déstabilisés, saisis, transformés.

# 1

# Race – les glissements d'un signifiant

Ces trois conférences consacrées aux questions soulevées par les notions de race, d'ethnicité, de nation et de diaspora visent à présenter des idées qui ne se limitent pas à la répétition de ce que les meilleurs chercheurs africains-américains ont pu proposer en la matière. Je voudrais en effet proposer une perspective élaborée depuis une autre région du monde de l'Atlantique noir : il s'agit d'envisager les problèmes dans un contexte plus large, à l'échelle planétaire, de réfléchir à la nature de la différence culturelle en tant qu'elle est construite à travers une multitude de discours. Peut-être n'est-il pas inutile d'avertir d'entrée de jeu que j'emploierai à satiété le mot « discours », et que ce terme ne désigne pas ici un ensemble de performances textuelles, mais repose sur l'idée que les conduites humaines sont toujours signifiantes. Puisque nous entreprenons de nous interroger sur ce que signifie repenser la différence culturelle en termes de discours, il nous faut définir le discours comme ce qui confère une signification aux pratiques et aux institutions humaines, ce qui nous permet d'attribuer un sens au monde et par conséquent ce qui fait des pratiques humaines des pratiques signifiantes, qui appartiennent à l'histoire justement parce qu'elles signifient par la façon dont elles délimitent des différences humaines. Les trois termes de la différence culturelle qui donnent leur titre au présent exposé – race, ethnicité, nation – seront ainsi soumis à une analyse discursive-généalogique à la lumière de certaines préoccupations politiques et théoriques, chacun d'entre eux permettant de compliquer et de déstabiliser un peu les autres.

Dans cette première conférence, à un moment de l'histoire dont il est ici question que vous jugerez peut-être déjà bien avancé, je veux revenir sur ce que nous cherchons à signifier quand nous disons que la race est un fait culturel et historique, et non un fait biologique – quand nous disons qu'il s'agit d'une construction discursive, d'un signifiant sujet à des glissements. Bien que ces énoncés aient presque acquis le statut de dogmes dans certains cercles éclairés, les critiques et les théoriciens n'entendent pas par-là la même chose sur les plans conceptuel et politique, ou n'en tirent pas les mêmes conclusions. Pour autant que mon expérience me permette d'en juger, l'idée que la race est une construction discursive n'est pas réellement parvenue à accomplir la tâche qui lui était assignée d'ébranler et de bousculer les préjugés du sens commun – les façons de parler du vaste monde, désordonné et « sale », de la vie quotidienne, du monde qui se tient au-delà de l'Université –, ni d'en déterminer la signification ou de les prendre en compte. Ses effets déstabilisateurs sur la mobilisation politique ou sur l'évaluation des stratégies de la politique antiraciste n'ont pas non plus été cartographiés de façon satisfaisante.

Je fais ici référence à la « race » en tant qu'il s'agit d'un des concepts les plus importants, d'un des concepts maîtres (le masculin est ici délibéré), qui organisent les grands systèmes de classification de la différence à l'œuvre dans les sociétés humaines. Dans cette perspective, la race est la pièce maîtresse d'un système hiérarchique qui produit des différences – différences dont W. E. B. Du Bois a écrit, en 1897, que « aussi subtiles, délicates et insaisissables qu'elles soient, [...] [elles] ont silencieusement, mais assurément, séparé les hommes en groupes[1] ». La désigner comme un des grands systèmes de classification des significations, c'est recourir à une formule qui prétend à la neutralité. Je n'emploie pas une telle formule pour minimiser de quelque manière que ce soit les épouvantables conséquences humaines et historiques qui ont suivi de l'application de ce système de classification raciale à la vie sociale et aux hommes et femmes considérés individuellement, mais parce que je veux insister sur le fait que, aussi détestable que soit le racisme en tant que fait historique, il s'agit néanmoins aussi d'un *système de signification*, d'une manière effective d'ordonner le monde et de lui conférer une signification. Ainsi, tout effort visant à contrer le racisme ou à atténuer

1. W. E. B. Du Bois, « The Conservation of Races », *in* P. S. Foner (éd.), *W. E. B. Du Bois Speaks: Speeches and Addresses, 1890–1919*, New York, Pathfinder, 1970, p. 75.

ses effets humains et sociaux dépend de la compréhension du fonctionnement de ce système de signification et des raisons pour lesquelles la classification qu'il représente a une prise aussi forte sur l'imagination humaine.

Pour le dire grossièrement, la conception discursive de la race – comprise comme le terme pivot qui structure les grands systèmes de classification de la différence dans l'histoire humaine moderne – admet que toutes les tentatives pour en fonder scientifiquement le concept, tous les efforts pour établir les fondements de la race sur un terrain biologique, physiologique ou génétique, se sont révélés intenables. Il nous faut donc envisager de « substituer une définition socio-historique et culturelle de la "race" à sa définition biologique », comme le propose le philosophe Anthony Appiah dans un article qui a fait date[2]. Dans les remarques qui suivent, je veux examiner plus avant cette proposition. Nous le savons, la variabilité génétique humaine *entre* des populations habituellement assignées à une catégorie raciale n'est pas significativement plus grande que la variabilité *au sein* de ces populations. Ce que Du Bois, a appelé « les différences physiques grossières que sont la couleur, la chevelure et l'ossature », bien que « clairement définies aux yeux de l'historien et du sociologue[3] » – formule sur laquelle je reviendrai –, sont, d'une part, très faiblement corrélées avec les différences génétiques telles que la

2. Anthony Appiah, « The Uncompleted Argument: Du Bois and the Illusion of Race », *in* H. L. Gates Jr. (dir.), *"Race", Writing and Difference*, Chicago, University of Chicago, 1986, p. 21-37.

3. W. E. B. Du Bois, « The Conservation of Races », art. cité, p. 75-76.

science les définit et, d'autre part, impossibles à corréler de façon convaincante avec des caractéristiques culturelles, sociales, intellectuelles ou cognitives, ce qui signifie que ces « différences physiques grossières » sont sujettes à des variations extraordinairement importantes au sein d'une famille donnée et *a fortiori* au sein d'une prétendue « famille de races ».

Je voudrais, en passant, formuler trois observations au sujet de cette proposition générale. Premièrement, elle représente aujourd'hui l'opinion communément admise par la grande majorité des chercheurs dans ce domaine. Deuxièmement, le fait que la variabilité génétique humaine interdise d'établir des corrélations du genre de celles évoquées précédemment n'a jamais empêché une minorité de chercheurs de déployer une intense activité en vue d'établir qu'il existe bien une corrélation entre des caractéristiques génétiques catégorisées racialement et des pratiques culturelles – une telle activité s'épanouit d'ailleurs aujourd'hui pleinement avec l'émergence récente de la recherche sur le génome humain. Troisièmement, je remarque que, bien que les implications en termes de racisation des efforts scientifiques ininterrompus pour établir une corrélation entre, disons, la race et l'intelligence soient combattues et condamnées avec la plus grande vigueur par de très nombreuses personnes, notamment celles issues des professions libérales et la plupart des personnes noires, une part importante de ce qui est couramment dit par ces groupes les uns des autres ou avancé en leur sein repose précisément sur de telles affirmations. Derrière l'idée qu'une caractéristique ou qu'un phénomène social, politique, moral ou esthétique associé aux personnes noires peut garantir la justesse d'une stratégie politique, la correction d'une attitude ou la valeur d'une production culturelle, nous trouvons l'affirmation que la vérité d'une telle stratégie, attitude ou œuvre d'art est établie par les caractéristiques raciales des personnes concernées. J'en déduis l'observation embarrassante selon laquelle des positions politiques diamétralement opposées peuvent être dérivées de fondements philosophiques identiques et que, bien que les explications génétiques des comportements sociaux soient souvent dénoncées comme racistes, nous pouvons néanmoins constater que les définitions génétiques, biologiques et physiologiques de la race sont bel et bien actives dans le discours du sens commun que nous partageons. C'est ce paradoxe qui constitue ici l'objet de ma réflexion.

Appiah témoigne dans son article d'une compréhension manifeste de la chose : le problème que pose le fait de passer d'une conception génétique ou biologique de la classification et de l'identification raciales à une conception socio-historique ou culturelle est de savoir que faire de la persistance, jusqu'à aujourd'hui, d'une trace biologique dans le discours racisé. Résumons en quelques mots la complexe et subtile démonstration proposée par Appiah. Il montre que Du Bois, qui a intitulé le récit de sa vie « Autobiographie d'un concept de race[4] », fit siennes des positions par lesquelles il

4. W. E. B. Du Bois, *Dusk of Dawn: An Essay toward an Autobiography of a Race Concept,* New York, Oxford University Press, 2014.

« en vint progressivement, mais jamais entièrement, à prendre en compte la nature non biologique des races[5] ». Dans un article de 1897 intitulé « The Conservation of Races », Du Bois reconnaît que si les différences « subtiles, délicates et insaisissables » qui ont séparé les humains en groupes ont parfois « suivi le clivage naturel du sang commun, de la descendance ou des particularités physiques », elles les ont « d'autres fois balayés et ignorés ». La division en races que nous persistons à mobiliser est, dit Du Bois, quelque chose qui « peut-être dépasse toute définition scientifique[6] ». Si Du Bois a ainsi établi très tôt que « la "race" n'est pas un concept scientifique – c'est-à-dire biologique », Appiah avance que la reconnaissance de ce fait par Du Bois ne l'a pas conduit à supprimer totalement la dimension biologique de son discours : « s'il a entièrement dépassé la conception scientifique [de la race], quel rôle ont donc [ses] considérations sur le "sang" ? » À quoi Du Bois fait-il référence avec la formule « sang commun », demande Appiah, sinon à « un amalgame des élucubrations de la craniométrie, d'une dose de mélanine et d'un certain degré de frisure des cheveux, [c'est-à-dire ce à quoi] se réduit la conception scientifique [de la race][7] » ? Non seulement je ne peux qu'être d'accord avec cette interprétation de la façon dont Du Bois est aux prises avec le concept de race, mais je remarque aussi combien est symptomatique du discours racial lui-même le fait que

5. Anthony Appiah, « The Uncompleted Argument », art. cité, p. 22.
6. W. E. B. Du Bois, « The Conservation of Races », art. cité, p. 75-76.
7. Anthony Appiah, « The Uncompleted Argument », art. cité, p. 25.

la trace physique ou biologique que l'on avait mise à la porte tende à rentrer aussitôt par la fenêtre !

Si nous suivons le fil des analyses d'Appiah et que nous examinons maintenant « Races », l'article publié par Du Bois en 1911 dans *The Crisis*, nous voyons que ce dernier a alors délibérément choisi de parler « de civilisations là où nous parlons de races » quand il ajoute que même « les caractéristiques physiques, à l'exclusion de la couleur de la peau [...], sont dans une proportion non négligeable la conséquence directe de l'environnement physique et social » et qu'elles sont de surcroît « trop indéfinies et insaisissables pour constituer le fondement de quelque classification ou division rigide des groupes humains que ce soit[8] ». Son insistance sur ce qui relève du contexte ou de la civilisation amène Du Bois à abandonner, à l'époque de la publication de *Dusk of Dawn* en 1940, la définition « scientifique » de la race au profit d'une approche apparemment en tous points différente. Les Africains et les personnes d'origine africaine peuvent avoir en partage une ascendance raciale commune, avance Du Bois, ajoutant à propos de lui-même et de ses « ancêtres qui ont vécu il y a de cela mille ans ou plus » que la « marque de leur héritage est inscrite dans ma couleur et mes cheveux ». Il affirme ensuite : « Ce sont là des choses manifestes, mais *dépourvues en elles-mêmes de signification* ; elles n'importent que dans la mesure où elles représentent des différences réelles plus subtiles avec d'autres hommes. » Nous avons affaire ici à un infléchissement décisif : ce qui compte dès lors pour Du Bois, ce qui

8. W. E. B. Du Bois, « Races », *The Crisis*, août 1911, p. 157-158.

constitue le lien entre les Africains-Américains comme lui et l'Afrique, c'est le fait que ses « ancêtres et leurs autres descendants ont une histoire commune, qu'ils ont été affligés par un désastre commun, et qu'ils partagent une mémoire séculaire ». « L'essence réelle de cette filiation, conclut-il, est l'héritage social de l'esclavage[9]. » Les caractéristiques physiques que sont « la couleur, les cheveux et l'ossature » – selon la formule qu'il emploie en 1897 –, qui forment « le lien physique », n'importent pour lui en 1940 que dans la mesure où elles constituent une « marque » de l'héritage, la « couleur étant relativement peu importante, sinon comme un insigne ». Ou, pour traduire Du Bois dans mon propre lexique, la « marque » et l'« insigne » sont cruciaux parce qu'ils signifient, parce qu'ils sont porteurs d'une certaine signification, parce que, en d'autres termes, ils sont des *signifiants de la différence*.

Appiah a assurément raison de souligner deux aspects importants de cet infléchissement dans la pensée de Du Bois. Premièrement, comme le fait remarquer Du Bois lui-même, la dernière définition – celle de la « race » comme insigne – tend à faire glisser le concept. Car, l'« héritage social de l'esclavage » ayant été libéré de ses attaches physiologiques, Du Bois dit de lui que « non seulement [il] lie les uns aux autres les enfants de l'Afrique, mais qu'il s'étend à travers l'Asie jaune et jusque dans les mers du Sud. C'est cette unité qui [l]'attire en Afrique[10] ». Mais – serons-nous tentés de demander –

9. W. E. B. Du Bois, *Dusk of Dawn*, *op. cit.*, p. 116-117 (les italiques sont de l'auteur du présent ouvrage).

10. *Ibid.*

de quelle unité s'agit-il ? Est-ce de filiation biologique ou d'affiliation politique qu'il est ici question pour Du Bois ? Deuxièmement, comme Appiah le fait remarquer avec à-propos, si des qualités physiques manifestes, comme le sont « les différences physiques grossières que sont la couleur, la chevelure et l'ossature », sont maintenant « dépourvues de signification », alors la mention même qu'en fait Du Bois dans *Dusk of Dawn* inscrit, à la surface de son raisonnement, toute la mesure de l'impossibilité pour lui d'échapper totalement à l'attraction du précédent concept de race[11]. Nous pouvons formuler la chose de façon plus générale, étant donné qu'elle affecte la totalité du discours de la race jusqu'à nos jours : le fait est que le biologique persiste en tant que *trace* agissante au sein du discours de Du Bois, même s'il fonctionne, pour reprendre une expression de Jacques Derrida, « sous rature[12] ». Remarquez cependant la façon dont Appiah formule la chose quand il soutient que « substituer une conception socio-historique de la race à une conception biologique [...], c'est simplement recouvrir la conception biologique, et non la dépasser[13] ». Si c'est bien le cas, nous sommes ici confrontés à un grave problème, auquel il nous faut consacrer sans délai toute notre attention.

Dans la brève mais audacieuse conclusion de son article, Appiah soutient que ce tournant discursif ou

11. Anthony Appiah, « The Uncompleted Argument », art. cité, p. 34.
12. Raturer un mot en veillant à ce qu'il reste néanmoins lisible est un procédé typographique utilisé pour signaler un concept inadéquat mais indispensable. Voir Jacques Derrida, *De la grammatologie*, Paris, Minuit, 1967.
13. Anthony Appiah, « The Uncompleted Argument », art. cité, p. 34.

socio-historique est voué à l'échec dans la mesure où il ne peut se libérer de la trace biologique qui colle au concept de race dès lors qu'un tel geste est accompli « sous hégémonie saussurienne[14] ». La question cruciale qui s'impose donc à nous est celle de savoir si nous n'avons pas trop aisément adopté sur la *signification* une perspective post-saussurienne, une perspective qui voit dans la signification un phénomène avant tout linguistique, une réalité constituée par des systèmes de différences strictement internes aux structures formelles de la *langue*, aux principes ordonnateurs abstraits du langage, que Saussure distinguait des actes de langage, de la *parole*. Si le problème s'apparente à une disgrâce sémiotique, alors les saussuriens doivent présupposer que la race est, ainsi que l'avance Appiah, « comme tous les autres concepts, construite par métaphore et métonymie ; elle remplace métonymiquement l'Autre ; elle porte métaphoriquement le poids d'autres types de différence ». Pour Appiah, si le concept de race est en effet bien une « structure d'oppositions », c'est une structure d'oppositions « dont la concrétisation est, au mieux, problématique, au pire, impossible », car la question est la suivante : à quelle entité fait-elle référence ? Confronté à ce dilemme, il conclut que « la vérité est qu'il n'y a pas de races : il n'y a rien au monde qui puisse accomplir ce que nous demandons à la "race" d'accomplir pour nous ». Et il ajoute : « Là où la race fonctionne – en des lieux où les "différences grossières" de la morphologie sont corrélées avec les "subtiles différences" de tempérament, de croyance et d'intention –, elle fonctionne

14. *Ibid.*, p. 35.

comme une tentative de métonymie de la culture ; et elle n'y parvient qu'au prix d'une biologisation de ce qu'*est* la culture, ou l'idéologie[15]. » De ce point de vue, nous devrions avoir le courage de nos convictions et abandonner purement et simplement la race, puisqu'il s'agit d'une manière de parler philosophiquement inacceptable.

En ce point, au terme de sa brillante intervention, il ne m'est ultimement plus possible de suivre et de faire mien le raisonnement d'Appiah. Bien sûr, il n'est aucunement question pour moi de prendre la défense de la race en tant que concept, et ce *a fortiori* dans sa forme génétique, biologique ou prétendument scientifique. Néanmoins, je ne comprends pas ce que peut signifier l'affirmation selon laquelle le discours racial, quand il est conceptualisé comme « structure d'oppositions », ne peut être « concrétisé ». Cela signifie-t-il que le tournant discursif pris au sujet de la race n'aurait pas de prise sur le monde réel, pas d'effets « à l'extérieur », au-delà de ce qu'Appiah appelle le « monde-texte de l'Université », parce que la race ne serait *que* langage, rien d'autre que du discours ? Qu'elle n'existerait pas en tant que fait socio-historique parce que nous ne pouvons trouver à la différence raciale un référent scientifique ? Quelle est la nature de l'invocation par Appiah de la « réalité, tout simplement », compte tenu de l'attention méthodologique qu'il porte à une structure de relation analogue à la *langue*, c'est-à-dire au langage en tant que système de différences ?

Ma thèse est que ce geste déconstructiviste – qui oppose le biologique au socio-historique et qui, jugeant

---

15. *Ibid.*, p. 35-36 (les italiques sont de l'auteur du présent ouvrage).

la conception biologique-scientifique intenable et sans fondement, se contente du culturel et de l'herméneutique – doit encore accomplir un dernier tournant. Appiah suggère que les chercheurs universitaires se sont montrés trop peu disposés à partager avec leurs concitoyens leur conclusion pourtant inévitable : il faut « rejeter la race en tant qu'expression de la différence[16] ». S'il veut dire par là que la race n'a pas de fondements scientifiques en tant qu'instrument d'explication permettant de rendre compte des différences sociales, culturelles, économiques et cognitives entre des groupes définis racialement, je ne peux que le rejoindre. Mais il nous faut encore expliquer pourquoi ces systèmes de classification raciale persistent, pourquoi une part si importante de l'histoire a été organisée par leurs binarités élémentaires, et surtout pourquoi les actions du quotidien et le langage ainsi que la pensée qui relève du sens commun – de même que les systèmes de pouvoir plus étendus qui structurent la distribution différentielle des richesses, des ressources et des savoirs entre les sociétés et les groupes sociaux – continuent tous à reconduire les effets de cette trace « biologique » qui paraît pourtant faible, infondée, intenable et qui semble presque, même si pas tout à fait, raturée. En bref, il nous faut encore rendre compte des raisons pour lesquelles la race persiste ainsi dans l'histoire humaine, et pourquoi il est si difficile de l'en extirper.

Appiah entreprend sa déconstruction en véritable philosophe quand il soutient que nous devrions nous préoccuper non seulement de la « signification de la

16. *Ibid.*, p. 35.

race », mais aussi de la « vérité qui est la sienne[17] ». Ce à quoi on ne peut répondre qu'une chose : depuis quand le discours de la race (comme, bien sûr, celui du sexe et du genre, dont Appiah souligne les similarités à cet égard), sans même parler de ses effets réels, se trouve-t-il déterminé par la « vérité » en ce sens absolu ? Ce qui selon moi manque encore à cette déconstruction de notre problème, c'est une compréhension satisfaisante du fonctionnement *discursif* de la race, ainsi que de la centralité de son statut de signifiant dans son caractère mortifère et plus généralement ses effets réels. Il ne s'agit pas ici des opérations de la race telle que la biologie de l'évolution ou la génétique moderne la comprennent, mais de la façon dont elle est comprise justement en termes de métaphore et de métonymie, qu'Appiah semble écarter, mais qui sont les modalités de ce que j'appelle son opération signifiante et discursive au sein de nos divers systèmes de signification.

J'anticipe trois types d'objection à la thèse que je soutiens, et je souhaite dès à présent les exposer aussi clairement que possible. Ces objections, dont l'importance peut varier, sont liées les unes aux autres. La première est d'ordre *philosophique* : c'est celle qu'Appiah lui-même a formulée. Selon ce point de vue, l'analyse de la structure d'oppositions qui définit un concept peut être un jeu linguistique divertissant, mais si ce concept – signifiant et signifié – est dépourvu de référent scientifique dans le monde réel, un tel jeu se trouve réduit à une sorte

17. *Ibid.*, p. 22.

de quête sémiotique futile. La seconde objection est *politique* et *historique*. Elle est déjà présente, quoique de manière voilée, dans la référence quelque peu inquiétante d'Appiah à « la réalité, tout simplement ». Est-ce que tout ce bavardage à propos de distinctions conceptuelles et d'oppositions binaires ne sombre pas dans l'insignifiance quand on le confronte aux désastres humains qu'a produit le racisme en acte, à ses conséquences effroyables pour des millions de personnes à travers les siècles (lesquelles n'ont, honnêtement, que faire de ce que Saussure, Foucault ou Derrida peuvent avoir à dire) ? Ce qui nous amène progressivement à une troisième objection que nous pouvons appeler *testimoniale* ou *expérientielle*. Qu'est-ce que tout ce bavardage autour de l'existence ou non de la race, alors qu'il nous suffit de nous fier au témoignage de nos propres yeux pour *voir* l'inscription de la différence raciale dans la couleur de la peau, les cheveux et l'ossature – dans la physiologie, la morphologie et la teneur en mélanine – des divers groupes humains dont les comportements les uns à l'égard des autres, sur la base de ces différences, paraissent si prévisibles ?

Contre le bon sens et l'évidence apparents de ces objections, je soutiendrai la thèse scandaleuse selon laquelle la race est, socialement, historiquement et politiquement, un discours ; selon laquelle elle opère comme un langage, comme un signifiant glissant ; selon laquelle ses signifiants réfèrent non à des faits génétiquement établis, mais à des systèmes de signification qui se sont enchâssés dans les classifications de la culture ; et selon laquelle ces significations ont des effets réels non pas en raison de quelque vérité inhérente à leur classification scientifique, mais du fait de la volonté de puissance et du régime de vérité qui sont institués dans les rapports discursifs instables que de telles significations établissent avec nos concepts et idées dans le champ signifiant[18]. Cette volonté de vérité attachée à l'idée de race produit ses effets à travers les différentes façons que les systèmes discursifs ont d'organiser et de réguler les pratiques sociales des hommes et leurs interactions quotidiennes. C'est, selon moi, en cela que réside précisément la pertinence théorique du concept de discours par rapport à l'opposition binaire qui oppose inopportunément idéologie et pratique. Loin d'indiquer que nous n'avons affaire qu'à des paroles, comme s'il n'était question ici que de langage, le terme « discours » suggère précisément une rupture avec la distinction entre deux niveaux – les « idées pures » et la « pratique brute » –, pour insister sur le fait que les pratiques humaines, sociales et culturelles relèvent toujours à la fois de l'un et l'autre, autrement dit qu'il s'agit toujours de *pratiques discursives*. Ce qui signifie que nous devons en permanence être prudents et nous garder d'opérer une distinction hâtive entre le discursif et l'extradiscursif.

En bref, les discours raciaux constituent l'un des systèmes de classification de la culture humaine parmi les plus importants et persistants, et, en tant que tels,

---

**18.** Michel Foucault a introduit le concept de régime de vérité dans *Surveiller et Punir. Naissance de la prison* (Paris, Gallimard, 1975) et « Entretien avec Michel Foucault » (*Dits et écrits, 1954-1988*, t. 3, Paris, Gallimard, 1994, p. 140-160).

ce sont toujours aussi des systèmes discursifs – à savoir des systèmes qui visent la représentation de (et l'organisation des pratiques relatives à) l'un des faits les plus remarquables de la société humaine : la différence. C'est là comprendre la race comme un « trope de la différence ultime et irréductible entre les cultures », pour reprendre à Gates la formule de son introduction à « "Race", Writing, and Difference ». Analytiquement, nous pouvons peut-être comprendre comment de tels systèmes opèrent d'un point de vue formel, en tant que structure ou système composé de similarités et de différences au sein duquel la race est une figure ou un trope produisant des significations. Mais ce qui importe historiquement, c'est que ces significations informent le cadre des pratiques et des opérations relevant des *rapports de pouvoir* entre groupes. C'est là considérer de telles significations non simplement comme des systèmes textuels ou linguistiques, mais comme des systèmes discursifs. Autrement dit, comme des systèmes au sein desquels les relations signifiantes de similarité et de différence dépendent non d'une relation univoque et à double sens de la race avec un ordre donné de distinctions « réelles » – biologiques ou physiques – qui se trouvent à l'extérieur dans le monde, mais des façons dont l'éventail gigantesque des différences existant dans le monde matériel (et apparemment distribuées de façon aléatoire) sont construites en tant que système de différentiations dans le langage, et ainsi *rendues signifiantes*, constituant un système d'intelligibilité pour la compréhension, le savoir et la pratique quotidienne des humains. De telles significations de la « race » sont discursives en ceci qu'elles sont référencées au sein du jeu de la similarité et de la différence par lequel tous les systèmes de discours construisent l'action humaine comme une conduite dotée de signification. Ces significations sont aussi discursives, selon l'usage que je fais de ce terme, parce que le jeu entre la représentation de la différence, la production de savoir et l'inscription du pouvoir dans le corps constitue une relation triple qui est déterminante pour la production de la race. Ainsi, l'emploi du terme *discursif* sert ici non seulement à marquer la transition, sur le plan théorique, d'une compréhension formelle, linguistique et textuelle de la différence, qui s'attache à des questions de langage chez Saussure, Claude Lévi-Strauss et le structuralisme, aux modèles proposés par Foucault, Derrida et les théoriciens postcoloniaux des dialogiques de l'altérité, mais également à développer le syllogisme foucaldien du *pouvoir-savoir* de façon à y inclure ce qui est, je crois, son nécessaire – mais silencieux – troisième terme, ce qui nous donne *pouvoir-savoir-différence*.

Comme nous ne visons pas la production d'une critique théorique abstraite, mais le dévoilement des secrets du fonctionnement, dans l'histoire moderne, des systèmes de classification raciale et de leurs effets trop réels, la question de savoir comment ces systèmes discursifs sont supposés faire référence au monde réel est d'une importance primordiale, notamment parce que c'est en ce point que la question de la validité scientifique – ou, comme le dit Appiah, « non seulement la signification, mais aussi la vérité » du discours racial –, et donc la question troublante du statut du biologique dans la formule de Du Bois sur « les différences physiques grossières que sont la couleur, la chevelure et l'ossature », reviennent hanter notre raisonnement.

De façon générale, trois options fondamentales s'offrent ici à nous. Premièrement, nous pouvons soutenir que des différences de nature génétique, biologique ou physique existent réellement et qu'elles constituent le fondement d'une classification de la race humaine en familles selon, entre autres, des caractéristiques phénotypiques, et que, une fois leur existence établie scientifiquement, elles peuvent être représentées avec rigueur dans le système discursif. Dans le cas contraire, le discours n'a pas de fondement réel, et de tels systèmes de classification sont, selon une formule de Gates, « des constructions arbitraires, non des aspects de la réalité ». D'où il découle que le concept de race doit être « pseudo-scientifique », car quand « nous usons du langage imprudemment, d'une façon qui semble *vouloir* reconduire l'idée d'une différence *naturelle* au sein de nos formulations », nous faisons « un usage préjudiciable du langage[19] ».

Deuxièmement, nous pouvons nous en tenir à la position strictement linguistique-textuelle. Celle-ci consiste à considérer la race comme un système de croyances auto-référentiel et autonome en ceci qu'il ne peut en aucune façon être mis à l'épreuve de la réalité du monde de la diversité humaine, puisqu'il n'a d'existence que discursive. S'il n'y a rien en dehors du texte, alors la race n'existe qu'à l'intérieur des « systèmes de différences

19. Henry Louis Gates Jr., « Introduction », *in* H. L. Gates Jr. (dir.), *"Race", Writing, and Difference*, *op. cit.*, p. 5.

purement internes à nos *langues* continuellement structurées », comme le dit Appiah dans sa critique de ceux qui procèdent « sous hégémonie saussurienne ». La troisième position – celle que je soutiens – pose qu'il y a bien sûr des différences matérielles de toutes sortes dans le monde. Il n'y a aucune raison de nier cette réalité. Cependant, ce n'est qu'une fois ces différences organisées au sein d'un discours, en tant que système de différenciations marquées, que l'on peut dire que les catégories qui en résultent acquièrent une signification, deviennent un facteur dans la culture humaine, régulent les conduites et ont des effets réels sur les pratiques sociales au quotidien.

Depuis cette troisième position, plusieurs questions subsistent : comment identifier de telles différences significatives sans langage ? Il n'est pas possible de savoir, et encore moins de prouver, que les différences que nous subsumons sous l'appellation de race existent déjà dans la nature, car comment saurions-nous que c'est ainsi que nous devons les appeler à moins qu'elles n'aient été construites discursivement ? De la même façon, il n'y a rien qui nous permette d'en récuser la matérialité, sauf à distinguer ce qu'est le langage de ce qu'il n'est pas, alors même que cette distinction requiert et présuppose le langage. Comme Judith Butler l'a formulé avec concision :

> En effet, pour « se référer » naïvement ou directement à un tel objet extra-discursif, il faut toujours préalablement délimiter l'extra-discursif. Et dans la mesure où l'extra-discursif est délimité, il est formé par le discours même dont il cherche à se libérer. Cette délimitation, souvent accomplie comme une présupposition non théorisée dans tout acte de

> description, marque une frontière qui inclut et exclut, qui décide pour ainsi dire de ce qui constituera ou non la substance de l'objet auquel nous nous référons ensuite[20].

Tout ceci suggère que ce que nous considérons comme « naturel » s'agissant des corps que nous percevons comme racisés correspond, en fait, à une surface matérielle sur laquelle le langage appose et inscrit ses marques d'intelligibilité, la rendant par là connaissable en termes raciaux – précisément parce que les variations humaines ont déjà été prises dans un système de signification global, et représentées en son sein. Cependant, Butler critique la variante édulcorée de cette thèse, selon laquelle le naturel est « ce qui est "avant" l'intelligibilité », parce que, de son point de vue, cette variante passe à côté du fait que la nature a toujours une histoire[21]. Les parties du corps prises dans le discours racial forment un ensemble extraordinairement restreint, qui ignore un grand nombre d'autres parties du corps spécifiées et mises en avant par d'autres discours de la différence, tel que le genre. Il est donc de plus en plus difficile d'identifier ce en quoi consisterait ce corps pré-social, prédiscursif, purement naturel et matériel, non racisé, ainsi que de déterminer où nous pourrions le trouver et comment nous pourrions l'identifier en dehors du jeu propre au discursif. Cependant, en adoptant la position discursive, nous n'abolissons pas la nature ; nous disons seulement que la nature ne peut être prise comme

20. Judith Butler, *Ces corps qui comptent*, trad. fr. C. Nordmann, Paris, Amsterdam, 2018, p. 26.
21. *Ibid.*, p. 19.

« origine » pré-discursive des discours raciaux ou comme source de leur vérité fondamentale.

Une fois établi que le savoir est le terme clé de l'équation pouvoir-savoir-différence, il faut reconnaître que ce que nous savons importe. Mais un tel savoir n'est pas accessible de façon indépendante sous une forme, quelle qu'elle soit, qui lui permettrait de fonder les discours racisants de la différence. Il ne peut donc être utilisé comme un instrument permettant effectivement de statuer quant à la vérité des affirmations controversées sur la race, parce qu'un tel savoir *est lui-même* organisé et produit discursivement. Gates nous rappelle la façon dont Nancy Stepan, dans son remarquable livre de 1982, *The Idea of Race in Science*, a montré que les tropes et métaphores de la race « ont cherché une validation universelle et transcendante dans la science biologique », et que les penseurs et écrivains occidentaux « ont essayé d'obscurcir ces figures rhétoriques de la race, de les rendre naturelles, absolues, essentielles[22] ». La chose est vraie, incontestablement, mais les échecs répétés des tentatives pour fonder scientifiquement la race n'ont pas empêché des générations successives de s'y essayer. Je soutiens donc que ce qui est en jeu dans l'effort pour parachever ce tournant vers une conception discursive de la race, ce n'est pas de savoir si les connaissances produites par la science sont susceptibles d'établir une vérité ultime ou définitive s'agissant de la signification de la race, mais de déplacer notre objet

---

**22.** Henry Louis Gates Jr., « Introduction », art. cité, p. 6. ; voir Nancy Stepan, *The Idea of Race in Science: Great Britain, 1800–1960*, Londres, Macmillan, 1982.

d'investigation au profit d'un examen des formes historiques du savoir qui produit l'intelligibilité de la race. Cela pour dire que, depuis au moins la Renaissance, et tout particulièrement depuis les Lumières, c'est la Science, avec un S majuscule, qui prend en charge les impératifs de la volonté de vérité en ce qui concerne l'espèce humaine, ses ordonnancements et ses classifications, ses variétés et ses distinctions, ainsi que ses rapports de domination et de subordination.

### Histoires de la différence

Les systèmes de classification raciale ont eux-mêmes une histoire, et leur histoire moderne semble débuter au moment où les peuples d'Europe, rencontrant pour la première fois les peuples et les cultures du Nouveau Monde, cherchent à en rendre raison. Ce moment est aussi celui où, à la fin du Moyen Âge, le processus d'expansion impériale s'amorce, l'Europe rompant alors avec son isolement physique et conceptuel. C'est le moment historique où débute ce que Mary Luise Pratt a appelé l'« aventure euro-impériale », qui est aussi le moment de la grande rencontre euro-impériale avec la différence[23]. Quand les Européens du Vieux Monde rencontrèrent pour la première fois les peuples et les cultures du Nouveau Monde, dans les années 1400, ils se posèrent une grande question : non pas « Es-tu un fils et un frère, es-tu une fille et une sœur ? » – question qui apparut bien plus tard, avec l'anti-esclavagisme, dans les années 1700 –, mais bien

23. Mary Louise Pratt, *Imperial Eyes: Studies in Travel Writing and Transculturation*, New York, Routledge, 1992.

plutôt « S'agit-il vraiment d'hommes ? Appartiennent-ils à la même espèce que nous ? Ou sont-ils le fruit d'une autre création ? » C'est la question dont débattirent Juan Ginés de Sepúlveda et Bartolomé de Las Casas à Valladolid en 1550 devant le souverain du Saint-Empire. C'est sous cette forme que la question de la différence raciale fut pour la première fois formulée dans le discours occidental moderne. La religion – et non la science – était alors garante de la « vérité », situation qui perdura pendant plusieurs siècles. Nous pouvons dire que la religion occupait la place que la science était destinée à occuper. Elle constituait le fondement discursif à partir duquel les Européens cherchèrent par tous les moyens – et en vain – à fonder « en vérité » la représentation de la différence et de la diversité humaines.

Pendant des siècles, ils s'efforcèrent de tracer dans le système de classification une ligne séparant de manière binaire deux créations mutuellement exclusives de la race humaine. C'est seulement avec les Lumières – sous la perspective panoptique et universaliste desquelles toutes les gradations des différences entre les humains en vinrent à être représentées dans le discours de la philosophie naturelle en tant que parties d'un unique système – que, pour ainsi dire, la marque discursive de la différence en vint à occuper une nouvelle position : elle séparait désormais non plus deux espèces mutuellement exclusives, mais des niveaux et des degrés de « civilisation » et de « barbarie » au sein d'un système unique. Cette structure de représentation binaire d'un nouveau type, distinguant l'Occident de ses autres, requerrait un marquage plus finement différentié, plus continûment entretenu, de différents grades, degrés et niveaux au sein d'un système global de la différence. Comme Edmund Burke l'écrivit à William Robertson le 9 juin 1777, dans une lettre où il traitait de la façon dont la planète tout entière se trouvait désormais sous les yeux du philosophe des Lumières occidentales, qui envisageait le monde *sub specie aeternitatis* :

> Nous n'avons plus besoin de nous tourner vers l'Histoire pour le reconstituer [le savoir de la nature humaine] dans toutes ses étapes et périodes [...] [M]aintenant la Grande Carte de l'humanité est déroulée dans son entièreté, et il n'est pas d'état ou de degré de barbarie, ni de mode de raffinement qui n'apparaisse au même instant à notre Vue. Les très différentes Civilités d'Europe et de Chine ; la barbarie de Perse et d'Abyssinie ; les manières imprévisibles de Tartarie ou d'Arabie. L'état Sauvage d'Amérique du Nord et de Nouvelle-Zélande[24].

L'argument que je veux avancer est donc que ce qui importe n'est pas en soi la science, mais bien plutôt ce qui tient lieu de discours dominant au fondement de la « vérité » de la culture humaine, des relations entre « nature » et « culture » et des faits déroutants relatifs à la diversité humaine. Mon intention n'est pas du tout ici de soutenir l'idée extravagante selon laquelle la science ne pourrait aucunement nous fournir un savoir sur le monde matériel ou « physique ». Rien de ce que j'avance ne doit être interprété comme l'affirmation qu'il n'y a pas

24. Edmund Burke, *The Correspondence of Edmund Burke*, vol. 3, *July 1774–June 1778*, George Herbert Gutteridge (éd.), Cambridge, Cambridge University Press, 1960, p. 351.

de différences physiologiques, morphologiques ou génétiques entre les groupes de personnes dans le monde. Ma question est : que *signifient* ces différences ? Peuvent-elles expliquer, ou fonder dans quelque conception de la vérité, les différences de pouvoir et de richesse, de comportements autorisés ou non, de culture, de langage, etc., qui constituent les *véritables* objets auxquels le discours racisé a fait référence tout au long de l'histoire moderne ?

Ce qui est en jeu ici, c'est la fondation de la vérité accomplie par la science au sein des systèmes culturels modernes depuis le XVIII^e^ siècle. En parlant des effets culturels et discursifs de la science en tant que régime de vérité, je suggère que la seule fonction de la science dans le langage de la race, comme celle de la religion avant elle, a été précisément de fournir la certitude et la garantie d'un savoir absolu qu'aucun autre système de savoir n'a jamais été en mesure de fournir. Ce qui importe s'agissant de la science ou de la religion n'est pas de savoir si l'une ou l'autre dispose effectivement de la vérité quant à la différence, mais le fait que l'une et l'autre fonctionnent comme *fondement* dans le discours de la race afin de fixer et de sécuriser ce qui ne peut en définitive l'être. Ce que nous entendons dans les propos de Burke, c'est le langage de la philosophie naturelle qui cherche à assurer et garantir dans la nature la « vérité » des différences – sociales, culturelles, économiques, politiques – alors construites au sein d'un nouveau régime historique dont les fondements étaient, dans les années 1700, fournis par la science. L'idée n'est pas que chaque régime qui fonde la « vérité » montre comment la différence raciale émerge effectivement dans la nature, mais plutôt que chaque régime de vérité *fait fonctionner la différence discursivement*. En effet, en rendant ainsi la différence intelligible, chacun de ces régimes délimite les différences humaines au sein de la culture d'une manière qui correspond précisément à la façon dont est compris le fonctionnement de la différence dans la nature, c'est-à-dire « naturellement », de telle manière que les différences représentées dans le discours de la race sont situées au-delà de la capacité de la culture et de l'histoire à les retravailler et à les reconstruire.

Le travail que la science a accompli au XVIIIe siècle, et qu'elle continue d'accomplir depuis, est d'établir ce qu'Ernesto Laclau appelle une « chaîne d'équivalences » entre la nature et la culture, ce qui permet à la race de fonctionner discursivement comme un système de représentation[25]. Laclau a soutenu de façon convaincante que la formation discursive de chaînes d'équivalences entre des éléments signifiants qui n'ont pas de correspondance nécessaire, ou de correspondance terme à terme, est essentielle à la construction de l'hégémonie – c'est-à-dire à cette forme de pouvoir qui cherche à obtenir un consentement à sa « vérité ». C'est cet effet de condensation, comme le soutient Laclau en donnant l'exemple du discours de la Moral Majority, qui permet à la « famille » de devenir un élément organique dans le discours, sans

25. Voir Ernesto Laclau, « Populist Rupture and Discourse », *Screen Education*, n° 34, printemps 1980, p. 87-93 ; ainsi que Ernesto Laclau et Chantal Mouffe, *Hégémonie et Stratégie socialiste. Vers une politique démocratique radicale*, trad. fr. J. Abriel, Besançon, Les Solitaires intempestifs, 2009, notamment le chapitre 3.

cela antagonique, sur les « forces du marché », produisant par là ce qui est en fait une *articulation* de discours qui n'ont pas de correspondance nécessaire, mais qui en viennent à être représentés discursivement comme une équivalence naturalisée permettant de « lire » l'une, la nature, à partir de son pendant dans l'autre, la culture. Ce à quoi nous avons affaire n'est pas, en effet, la nature, mais ce que Karl Marx, dans le débat sur l'idéologie – d'un intérêt persistant bien qu'il ait perdu en vigueur récemment –, décrit comme l'« effet de naturalisation » qui se produit quand les discours au sujet de la culture et de l'histoire, qui varient dans le temps et l'espace au gré des circonstances – et qui, parce qu'ils sont socio-historiquement variables, sont ouverts au changement –, en viennent à se représenter comme assurés, garantis de leur place, et en conséquence comme permanents, fixes, inamovibles et transhistoriques en vertu de leur nature[26]. Ce qui compte ici, ce n'est pas de savoir si les différences physiques entre les humains sont, ou ne sont pas, scientifiquement explicables, c'est de comprendre que leur signification culturelle doit être construite discursivement de manière « scientifique », parce que l'invocation de la nature par la science est, à l'époque moderne qui est la nôtre, le langage fondateur dans lequel les prétentions à la vérité peuvent être formulées, expliquées et fixées dans un domaine inaccessible aux interventions humaines. Je serais tenté de citer ici la très vilipendée *Idéologie allemande* de Marx, mais je vais plutôt me tourner vers

26. Karl Marx et Friedrich Engels, *L'Idéologie allemande*, trad. fr. H. Auger, G. Badia, J. Baudrillard et R. Cartelle, Paris, Éditions sociales, 1968.

l'exemple donné par Roland Barthes, dans ses *Mythologies*, de l'image d'un soldat noir en uniforme saluant le drapeau tricolore français, en couverture d'un numéro de *Paris-Match*, dans les années 1950 :

> [L]e mythe ne cache rien : sa fonction est de déformer, non de faire disparaître. [...] [A]cculé à dévoiler ou à liquider le concept, il va le naturaliser. Nous sommes ici au principe même du mythe ; il transforme l'histoire en nature. [...] [T]out se passe comme si l'image provoquait naturellement le concept, comme si le signifiant fondait le signifié [...] : le mythe est une parole excessivement justifiée[27].

Cette approche nous permet en partie de comprendre pourquoi il est, selon moi, très peu probable que la trace biologique disparaisse entièrement du discours de la différence raciale, même si le marquage fondateur du phénotype et de la génétique a été radicalement atténué par le discrédit dans lequel sont tombées les définitions scientifiques de la race après la Seconde Guerre mondiale. Aussi longtemps que la fonction de naturalisation, d'essentialisation et de déshistoricisation continuera d'incomber à la science en général, l'invocation de la nature, implicite chaque fois que la race est notre sujet de discussion, trouvera son fondement dans l'opération de pouvoir-savoir-différence, dont le fonctionnement doit être examiné dans une perspective historique plutôt que d'un point de vue formel.

Cependant, ce n'est pas la seule raison pour laquelle le biologique, bien qu'il fonctionne « sous rature »,

27. Roland Barthes, *Mythologies*, Paris, Le Seuil, 1970, p. 194, 202 et 203.

continue d'être aussi nécessaire aux discours de la différence raciale, et aussi difficile à en éliminer. Ce dont Du Bois est parti, et dont Appiah soutient qu'il ne pouvait entièrement se démarquer – nonobstant les fluctuations et les discordances que cela produisait dans son propre discours sur le sujet –, ce sont justement les « différences physiques grossières que sont la couleur, la chevelure et l'ossature », différences qui, en dépit de leur distribution erratique dans les populations réelles et du fait qu'elles « dépassent toute définition scientifique », sont ce qui, en définitive, soutient la division des grandes familles d'êtres humains en races dans la compréhension du monde de notre sens commun.

Or, le fait central, concernant ces « différences physiques grossières », n'est pas qu'elles sont corrélées à des différences génétiques, comme Appiah l'a montré de façon convaincante, mais qu'elles importent parce qu'elles sont, comme Du Bois le dit, « *clairement définies aux yeux* » non seulement de l'historien et du sociologue, mais également de chacun d'entre nous – d'où l'ajout d'italiques à la formule de Du Bois. De telles différences constituent le *témoignage* absolu, évident et incontestable d'une réalité significative, perceptible par des yeux non initiés, dépourvus de formation scientifique. Il s'agit de différences qui, en tant que faits physiques-biologiques bruts relatifs à la « race », échappent à toute contestation en raison de leur existence dans le champ visuel. Comme le veut l'adage du sens commun, on ne croit que ce que l'on voit. Cette évidence de la race est le socle expérientiel contre lequel les définitions socioculturelles et historiques viennent si souvent buter. Comme vous le savez, Frantz Fanon, dans *Peau noire, masques blancs*, son extraordinaire ouvrage sur les mécanismes psychiques du racisme, était fasciné par l'inscription de la différence raciale sur le corps noir. Son attention était captivée par ce qu'il appelait le témoignage « dense et indiscutable » du fait de la noirceur, ce qui faisait de lui l'esclave non « de l'idée que les autres ont de [lui], mais de [s]on apparaître[28] ». L'idée que soutient Fanon est que l'image corporelle de soi, ou schéma corporel, qui a une importance cruciale dans la constitution de l'identité et de la subjectivité parce que « c'est [...] une structuration définitive du moi et du monde » qui installe « entre mon corps et le monde une dialectique effective », est brisée et détruite par le regard racisant de l'autre blanc – « Tiens, un nègre ! [...] Maman, regarde le nègre, j'ai peur[29] ! » Au lieu du schéma corporel, c'est ce regard qui transmet l'imago stéréotypé de la personne noire, qui est « tissé de mille détails, anecdotes, récits ». À partir de ce moment, « Je suis *fixé* », dit Fanon, alors que sa noirceur se trouve « [enfermée] dans cette objectivité écrasante », « surdéterminé[e] de l'extérieur », quand « l'autre, par gestes, attitudes, regards, me fixe, dans le sens où l'on fixe une préparation par un colorant », de sorte que les « menus morceaux » sont « réunis » « par un autre moi[30] ». Cette séparation dans la choséité, la fixation de la personne

---

28. Frantz Fanon, *Peau noire, masque blanc*, Paris, Le Seuil, 1971, p. 94 et 93.
29. *Ibid.*, p. 89 et 90.
30. *Ibid.*, p. 86-93.

noire dans le masque blanc qui résulte du regard, est obtenue par ce que Fanon appelle de manière éloquente le processus d'épidermisation – l'inscription de la différence raciale sur la peau. Et c'est précisément ce schéma épidermique-racial qui est en jeu dans la formule de Du Bois à propos de « la couleur, la chevelure et l'ossature ».

L'épidermisation fixe la « vérité » de la différence raciale dans son *inscription corporelle*, et cela fait du corps noir lui-même, et de ses caractéristiques physiologiques, le point terminal de la volonté de vérité, ou du régime de vérité, s'agissant de la race, ce qui implique que le corps noir est une sorte de signifiant transcendantal, une chose capable de fixer la signification de la race *tout court*. Mais ici aussi – c'est du moins ce que je soutiens – le jeu des signifiants, des signifiants glissants, est à l'œuvre. Car ce qui engendre ces signes probants et très visibles de la différence raciale – les cheveux crépus, le nez épaté, les lèvres lippues, les hanches larges et, pour reprendre l'expression particulièrement délicate de l'écrivain français Michel Cournot citée par Fanon, le pénis qui « comblerait une cathédrale[31] » –, et ce qui leur confère une signification, ce qui les épidermise, est quelque chose *qui ne peut être vu* : les codes génétiques. Ces choses qui justement tendent à fixer la race dans toute son évidence et sa visibilité – dans les caractéristiques physiques de « la couleur, la chevelure et l'ossature » – ne sont que les signifiants d'un code invisible qui inscrit la différence sur le corps noir. Ces caractéristiques physiques sont donc les marqueurs de la différence raciale

31. *Ibid.*, p. 137.

au niveau des apparences, ce qui fait d'elles les signes d'un code qui n'est lui-même pas directement accessible, sinon par la science. Ce qui semble littéralement fixer la race dans toute sa matérialité – la visibilité évidente des corps noirs – fonctionne en fait comme un ensemble de signifiants qui nous conduisent à *lire* l'inscription corporelle de la différence raciale, et qui ainsi la rendent intelligible. Comment donc comprendre le fonctionnement discursif de ces signifiants ? Ils nous permettent de lire un ensemble de signifiants dans la nature par le biais d'une chaîne d'équivalences dans la culture, ce qui revient à dire que ces signifiants de l'épidermisation fonctionnent justement par métaphore et métonymie.

La fixation de la différence, qui doit établir de façon assurée une relation du signifiant au signifié en un point de la chaîne, glisse tout du long de la chaîne des équivalences, comme Laclau les appelle, pour ancrer métaphoriquement toutes les autres binarités de la différence de façon parallèle. Ce qui est considéré comme « évident » au niveau des apparences telles que les perçoit le sens commun est donc « vrai » en amont de la chaîne au niveau de la génétique, qui est le domaine de la science et qui concerne quelque chose qui ne peut être vu qu'à travers ses effets, à savoir les différences corporelles que sont « la couleur, la chevelure et l'ossature ». Mais ces signifiants physiques peuvent aussi être déplacés plus en aval de la chaîne signifiante, où ils sont parallèlement lus comme « vrais » s'agissant des différences culturelles, des capacités intellectuelles et cognitives, du caractère et de la réussite sociale, ainsi que pour mesurer le degré de « civilisation » et de « barbarie » – ce qui est depuis les Lumières la visée fondamentale de la classification raciale. Selon ces analyses, le problème n'est pas tant que le langage de la race biologise la culture, pour reprendre les termes d'Appiah. C'est bien plutôt que les opérations du signifiant glissant œuvrent à suturer et à garantir la signifiance de la différence culturelle à travers la façon dont le biologique et le physiologique en viennent à fonctionner discursivement dans le champ signifiant. Ma thèse requiert que nous comprenions la race comme un signifiant flottant. Nous devons aborder les systèmes de classification raciale comme des opérations discursives de signification si nous voulons comprendre leur fonctionnement sur les plans social, historique et politique.

Si l'analyse que je propose du fonctionnement discursif de la race est juste, alors la question de ce qui est susceptible ou non d'être « avéré » en termes scientifiques au niveau biologique n'a, en réalité, qu'un rapport très indirect avec la façon dont les discours raciaux fonctionnent dans le monde d'un point de vue socio-historique. Inversement, on peut dire que le rapport indirect de la science au fonctionnement socio-historique de la race dépend également de la plus ou moins grande facilité à effacer ses traces discursives du système – une fois effectué le geste décisif de rejet du biologique-physiologique en tant qu'explication appropriée de la différence culturelle. Rappelons-nous à ce propos que c'est précisément pour empêcher ce glissement métonymique d'accomplir son œuvre de destruction dans le monde que Du Bois semble avoir changé de point de vue quand, en rupture avec la position qui était la sienne en 1897, il écrit en 1911, dans *The Crisis*, qu'« il n'est pas légitime de déduire de différences physiques des différences mentales », et que « la civilisation d'un peuple ou d'une race considérée à un instant quelconque du temps n'offre aucune indication quant à ses capacités innées ou héritées[32] ».

Le problème est qu'en adoptant une définition sociohistorique et civilisationnelle plutôt que biologique, Du Bois semble toujours vouloir trouver aux niveaux social, historique et culturel quelque chose qui définirait une *essence raciale* distincte qu'il ne pouvait trouver au niveau des différences biologiques-génétiques. L'idée que cet élément essentiel est spirituel, et non physique, et qu'il réside en ce que chaque race a « son message particulier, son idéal particulier », qui constitue sa contribution singulière au « perfectionnement de la vie humaine », selon les termes qui sont les siens en 1897, est une solution bien plus honorable que les autres solutions possibles au problème, mais elle ne me semble en définitive pas plus acceptable[33]. L'intervention des peuples noirs dans l'histoire moderne et la façon dont ils ont transformé les systèmes d'oppression raciale constituent une contribution exceptionnelle à la civilisation mondiale, et ses effets n'auraient pas pu être obtenus de quelque autre façon que ce soit. Mais il ne me paraît pas très utile de comprendre cela comme le processus par lequel une race fait entendre son message essentiel, son « message nègre », car il y a bien

32. W. E. B. Du Bois, « Races », art. cité, p. 158.
33. W. E. B. Du Bois, « The Conservation of Races », art. cité, p. 78-79.

plus que des résidus de l'hégélianisme de Du Bois dans une conception aussi téléologique. Je préfère la formulation qu'il emploie dans *Dusk of Dawn* : là, sa conception d'un peuple qui a souffert un désastre commun, qui partage une histoire commune, une mémoire séculaire – l'héritage social de l'esclavage – et dont les membres sont marqués par la couleur comme « insigne » culmine avec l'accent mis ultimement sur la relecture de la race comme signe, comme marqueur de la différence, qui véhicule une signification socio-historique et culturelle. Bien qu'elle ne puisse assumer le rôle que Du Bois souhaite lui voir jouer – à savoir fonder un ensemble de différences entre les races ou fournir le soubassement de l'attachement qu'il éprouve pour l'Afrique –, la formulation de *Dusk of Dawn* déplace résolument la discussion sur le terrain du socio-historique et du culturel. Le problème est alors que, une fois qu'a été ôté au biologique la fonction de fixation de la vérité ou de la signification de la race, nous nous retrouvons sur le terrain incertain de systèmes discursifs où la *différence*, entre les signifiants de la race, engage son glissement discursif avec une vigueur renouvelée.

Comme j'en arrive à la conclusion, je dois souligner qu'il ne s'agit pas de soutenir que la race est une pure falsification, une mystification, une illusion idéologique dont nous pourrions nous débarrasser en la passant au crible de quelque autre vérité scientifique plus élevée. Non qu'il n'y ait pas de caractéristiques biologiques susceptibles de distinguer des populations différentes, ni bien sûr que, si le mot « race » est utilisée de façon suffisamment souple, nous ne puissions pas identifier certaines des « différences physiques grossières que sont la couleur, la chevelure et l'ossature » auxquelles le terme fait référence. Le problème est bien plutôt que le niveau biologique-physiologique *ne peut jamais faire ce qu'il prétend faire dans le discours* : il ne peut pas établir de différences permanentes entre différentes familles de races ; il ne peut donner à ces différences culturelles, sociales, économiques et historiques un fondement héréditaire garanti par des distinctions génétiques ; et il ne peut pas fixer, que ce soit à des fins bonnes ou mauvaises, les caractéristiques culturelles, cognitives et émotionnelles des populations auxquelles il fait référence, pas plus que leurs autres caractéristiques sociales. Cependant, parce que ces différences, aussi « grossières » soient-elles en termes scientifiques, existent bel et bien, une signification peut leur être attachée – elles peuvent être *construites et reconstruites comme objets discursifs*. En tant que telles, elles peuvent être utilisées pour réaliser toutes sortes de tâches discursives. De telles constructions de la différence peuvent produire certaines formes de savoir relatives au monde, y compris un savoir racisé perçu comme évident, tenu pour acquis et relevant du sens commun, autrement dit la plus dangereuse de toutes les formes de savoir parce qu'elle est la plus inconsciente. Ce savoir racisé de la différence a le pouvoir d'organiser l'action au quotidien, ainsi que les diverses interactions entre les groupes ; et de tels savoirs imprègnent – et défigurent profondément – la culture des sociétés dans lesquelles ils demeurent opérants pendant de longues périodes.

### Transcoder le signifiant

Ainsi, en un sens, Appiah est fondé à affirmer ce qu'il affirme, car, d'une part, la race ne peut accomplir la tâche – à savoir établir la vérité, fixer la signification des différences culturelles au-delà de tout doute – que les défenseurs et les opposants de l'oppression raciale veulent lui faire accomplir quand ils s'appuient sur ses grands systèmes de classification et sur ses taxinomies pour expliquer et organiser leur pratique. Mais, d'un autre côté, au sens discursif que j'ai cherché à décrire, la chaîne d'équivalences que la race *rend possible* entre les différences génétiques, physiques, sociales et culturelles existe bel et bien. Non seulement cette chaîne d'équivalences reste très largement active dans le monde, dans les significations dont nous faisons usage pour donner partout du sens à la vie sociale et aux pratiques sociales, mais, même s'il ne s'agit « que d'un discours », il a, précisément pour cette raison, une réalité, parce qu'il a des effets raciaux : des effets matériels relatifs à la distribution du pouvoir et des ressources, des effets symboliques relatifs au classement des groupes les uns par rapport aux autres, des effets psychiques qui configurent l'espace intérieur de chaque sujet construit par lui et pris dans le jeu de ses signifiants.

Pour ma part, je crois que c'est précisément *en raison* de ses effets historiques-discursifs que nous devons tenir compte de la chaîne d'équivalences rendue possible par la race. Bien qu'en un sens il ne s'agisse que d'un des nombreux discours de la différence culturelle de l'histoire moderne, il a un caractère distinctif, une spécificité qui le démarque : c'est celui qui, aussi peu scientifique que soit la chose, continue d'opérer en utilisant les marqueurs physiques de la différence *sur le corps* comme les signifiants privilégiés de son régime de vérité. À cet égard – et en dépit des nombreuses autres raisons pour lesquelles les antiracistes ont parfois eu une très grande difficulté à nier ces similarités, c'est le discours de la différence qui se rapproche le plus de celui de la différence sexuelle, qui lui aussi « lit » discursivement le témoignage du corps, en cherchant à fixer des significations sociales et culturelles biologiquement, et en acquérant par là quelque chose qui s'apparente à l'évidence omniprésente de la race à l'intérieur du « champ visuel », selon la formule de Jacqueline Rose[34]. Sigmund Freud faisait remarquer dans son important article « Quelques conséquences psychiques de la différence anatomique entre les sexes » que, quand la petite fille voit le pénis de son homologue masculin, elle « le reconnaît tout de suite comme la réplique supérieure de son propre petit organe caché et dès lors elle est victime de l'envie du pénis[35] ». On peut dire la même chose du petit enfant de *Peau noire, masques blancs* de Fanon, lorsqu'il s'écrie : « Tiens, un nègre ! [...] Maman, regarde le nègre, j'ai peur ! » Dans les deux cas, ce n'est pas le schéma anatomique ou épidermique qui importe dans la formation de l'identité subjective, ou dans les effets régulateurs des pratiques discursives liées au genre et

34. Jacqueline Rose, *Sexuality in the Field of Vision*, Londres, Verso, 1986.
35. Sigmund Freud, « Quelques conséquences psychiques de la différence anatomique entre les sexes », *Œuvres complètes*, t. 17, *1923-1925*, trad. fr. D. Berger, Paris, Puf, 1992.

à la race ; ce qui importe bien plutôt, c'est le fait que ces attributs corporels se trouvent saisis dans le discours, où ils deviennent alors les *objets* de fantasmes dans nos vies subjectives comme dans nos vies institutionnelles et nos pratiques sociales quotidiennes.

Bien sûr, le discours du racisme opère dans un monde d'oppositions manichéennes – eux et nous, primitifs et civilisés, clairs et foncés – qui engendre un séduisant univers symbolique tout de noir et blanc. Mais, passé un moment, sa simplicité réductrice devient elle-même problématique en raison de sa banalité : une fois que vous avez décortiqué sa logique simpliste, vous pouvez lutter contre elle, mais est-il possible de consacrer sa vie à l'étudier ? En fait, je crois que, au moment où nous abandonnons, de façon résolue et définitive, la conception biogénétiquement étayée de la race au profit d'une conception discursive-historique, nous commençons à peine à comprendre la complexité de telles structures et de tels mécanismes. Autrement dit, les simplifications et les rigidités apparentes du racisme sont précisément ce qui importe, d'un point de vue symptomatique. *La rigidité du racisme est l'indice de sa complexité.* Sa capacité à ramener la complexité culturelle et historique du monde à un couple d'opposés masque de profondes ambivalences en termes de sentiment, d'attitude, de croyance et de vision du monde, qui refusent toujours d'être clairement stabilisées et fixées. Les grandes divisions binaires du discours racial en tant que structure de savoir et de représentation peuvent aussi, il me semble, être comprises comme un profond système de défense.

De telles binarités sont des redoutes et des tranchées, des positions défensives autour de quelque chose – les configurations de la différence culturelle entièrement historicisées – qui refuse d'être dompté et contenu par le système de représentation. Toute l'énergie symbolique et narrative – tout le travail discursif investi dans le maintien à flot du signifiant racial – est orientée par l'objectif de nous préserver « ici » et de les maintenir « là-bas », par un effort constant pour fixer chaque identité à sa place assignée. Mais tous ces efforts ne seraient pas nécessaires sans la tendance dont fait montre la culture, en tant que structure de similarités et de différences ouverte au « jeu » de la signification et de l'histoire : la tendance de tous les signifiants à déraper et à glisser hors de leur place. Les simplifications du racisme, qui visent à polariser et à séparer, masquent à quel point nos histoires et nos cultures ont toujours été profondément entrelacées et combien elles se sont toujours interpénétrées, combien l'autre est absolument nécessaire au sentiment que nous avons de notre propre identité. Le fonctionnement des systèmes dont j'ai cherché à faire le repérage dans ces conférences travaille à masquer combien l'identité est un phénomène ouvert et différentiel, dépendant des effets de frontière des marqueurs discursifs pour fixer la différence entre l'« intérieur » et le « dehors » constitutif, qui ne cessent de glisser l'un dans l'autre. Comme Butler nous le rappelle, c'est précisément dans le but d'établir une certaine stabilité face à de tels glissements et dérapages du signifiant que toute identité se constitue également à travers l'expulsion, vers un dehors constitutif, de ceux qui en viennent à être marqués comme autres[36].

Fanon nous montre également qu'en plus de la violence symbolique et de l'agression qui informent le regard de l'autre – lequel a la puissance de coercition si caractéristique des stéréotypes raciaux en matière de projection, de défense, de dénégation et de déni –, il nous faut comprendre le travail discursif qui doit être réalisé dans l'économie symbolique d'une culture afin de contrôler et de contenir le danger, la menace, la peur et la phobie que le jeu de la différence lui-même représente. Ce sur quoi Fanon attire notre attention n'est pas la différence fixe des corps ou des identités qui restent emmurés dans leur altérité, mais le système de similarités et de différences glissant et dérapant qu'*est* la conception de la culture entièrement historicisée. Nous commençons ainsi à comprendre l'exercice du pouvoir discursif requis pour expulser symboliquement la différence aux confins de l'univers –, ainsi que le retour subreptice par lequel ce qui a été expulsé ne cesse de revenir hanter les rêves du dormeur avec les peurs intérieures terrifiantes, et les cauchemars, que suscite le fait d'avoir à vivre avec la différence.

La forme narrative binaire même qui cherche à contenir le glissement du signifiant racial a toujours une double face, un caractère profondément ambivalent, en dépit des effets réels sous-jacents de la représentation raciste en termes de violence et d'agression. Les récits qui mettent en scène une race dépendante, enfantine,

36. Judith Butler, *Ces corps qui comptent*, *op. cit.*, p. 21-23.

cruelle, barbare, primitive et trompeuse produits par le système de représentation coexistent ainsi avec une puissante nostalgie, jamais très loin, qui inscrit le désir secret éprouvé par les sociétés dites civilisées à l'égard des pouvoirs érotiques du corps, d'un registre d'expressivité émotionnel, d'une éloquente capacité à endurer la souffrance, d'une force rythmique – de quelque différence essentielle – apparemment perdue par le monde prétendument civilisé. La double inscription du discours racial – la violence du racisme structurée autour de la perte, le désir de l'autre inextricablement couplé à son oblitération – signifie que les structures discursives auxquelles nous avons affaire ne sont jamais capables de parler seules, l'une sans l'autre, car l'une et l'autre sont une projection narrative essentialisante du même système binaire.

Il est donc particulièrement frappant et surprenant que les politiques d'opposition aux systèmes racistes de classification opèrent si souvent, en tant que discours, exactement de la même façon que les systèmes qu'elles contestent, à savoir à travers une conception essentialisée de la race. L'antiracisme inverse la position de tous les termes du système discursif. Ainsi, ce qui, pour les racistes, est une preuve incontestable du fait que les Noirs ne peuvent surmonter leurs caractéristiques négatives parce qu'elles sont fixées génétiquement et biologiquement par la race est partout considéré, par les mouvements antiracistes, comme autant d'éléments d'une essence raciale qui assure une position positive, spéciale, privilégiée ou même exceptionnelle aux Noirs dans l'histoire humaine – essence transmise par l'hérédité biologique et génétique, dont les « différences physiques grossières » sont le signe et la garantie. La valeur de chaque signifiant dans le système discursif est inversée, passant du négatif au positif, mais paradoxalement le paradigme reste le même : des caractéristiques culturelles, historiques et politiques sont fixées et garanties par le biologique et le génétique, chaque attribut fonctionne comme l'image en miroir – dont l'essence raciale a été inversée – de l'autre dans le discours opposé. Nous nous retrouvons avec le même paradigme, simplement inversé. La description que je donne ici est loin de constituer simplement une critique théorique ou théoriciste, comme s'il était possible de garantir la politique des mouvements contre l'oppression raciale en la soumettant à une reclassification valide sur le plan théorique. Le problème est plutôt que fonder un mouvement politique et une politique culturelle sur un trope racial essentialiste, à quelque extrémité du spectre politique que l'on se trouve, a des effets réels, graves et profonds, qui ne peuvent pas ne pas faire l'objet d'un examen rigoureux.

J'ai tenté ailleurs d'expliciter certaines des implications de ce problème à travers une formule qui a depuis acquis une certaine notoriété – « la fin du sujet noir essentiel ». Je souhaite insister fortement aujourd'hui sur le fait que, selon moi, abandonner une conception biologique de la race, qui reste active alors même que, comme c'est le cas en Grande-Bretagne aujourd'hui, le discours racial semble s'être métamorphosé en une forme de racisme culturel, implique bien « la fin de la conception naïve du sujet noir essentiel ». Voici comment on pourrait résumer cette idée :

> Ce qui est en cause ici, c'est la reconnaissance de l'extraordinaire diversité des positions subjectives, des expériences sociales et des identités culturelles qui composent la catégorie « noir »; c'est-à-dire la reconnaissance que le terme « noir » est essentiellement une catégorie politique et culturelle *construite*, qui ne peut se fonder sur un ensemble de catégories raciales transculturelles ou transcendantales fixes, et qui, par conséquent ne trouve pas sa garantie dans la Nature. [...] Ce qui implique inévitablement un affaiblissement ou un déclin de l'idée selon laquelle la « race », ou toute autre notion complexe de la « race » articulée autour du mot « noir », puisse jamais garantir l'efficacité d'une pratique culturelle ou déterminer de façon définitive sa valeur esthétique. [...] Dès l'instant où l'on pénètre dans la politique de la fin du sujet noir essentiel, on est plongé dans un maelström de polémiques et de débats politiques incessants, contingents, incertains : une politique critique, une politique de la critique[37].

S'orienter avec résolution vers une conception de la politique de la race rigoureusement socio-historique, culturelle et discursive n'implique en aucune façon de nier la spécificité des expériences partagées de l'oppression, de l'exploitation et de la marginalisation qui sont structurées sur des fondations raciales. Cela n'implique pas non plus, en quelque sens que ce soit, de minimiser la manière

37. Stuart Hall, « Nouvelles ethnicités », *Identités et Cultures. Politiques des* cultural studies, trad. fr. M. Cervulle, Paris, Amsterdam, 2017, p. 403 (traduction modifiée).

dont le fonctionnement du signifiant racial a façonné les expériences noires, ni les traditions culturelles qui ont persisté, évolué et ont été transmises à travers une expérience historique collective. Tout cela constitue le legs commun de lutte et de résistance, qui, comme le dit Du Bois, est l'« héritage social de l'esclavage », tout comme le sont les formes de vie particulières façonnées par la soumission à un « désastre commun » et la profondeur et l'intensité avec lesquelles les formes culturelles d'expression ont été formées par « une même mémoire séculaire ». Mais s'orienter vers une conception discursive de la race – il faut, me semble-t-il, le souligner ici –, c'est reconnaître que toute tradition culturelle est une *ré-élaboration*, une production *nouvelle*, une transformation, une refonte de l'identité qui est propre à un temps, un lieu et une situation, et que donc elle *ne peut être* simplement la préservation et la reproduction dans le temps, l'espace et l'histoire de quelque « même » essentiel, originaire, naturalisé. La conséquence de l'approche discursive que j'ai promue ici, c'est que la spécificité et la transformation – le transcodage, la reconstruction et la ré-articulation d'éléments signifiants – *sont* très précisément le « travail » historique et politique accompli par la culture.

Puisque, selon cette conception discursive de la politique de la race, la signification est tout, nous pouvons dire que, bien que ses mouvements ne soient pas aléatoires ou infiniment variables, il n'est pas possible d'ignorer le caractère poreux, perméable, des formations de la culture, qui a pour conséquence l'hétéroglossie de cette même culture, les répertoires multiples qu'elle mobilise et les combinaisons inédites qu'elle produit constamment. Il n'est pas possible d'ignorer ce que Mikhaïl Bakhtine appellerait la « multiaccentualité » de la signification raciale, il n'est pas possible d'empêcher la culture de glisser et de déraper au cours de la sémiose indéterminée de la signification ; et, en conséquence, *il n'est pas possible de limiter ou de fixer les différentes variétés de sujets que les personnes noires vont devenir*[38]. La façon dont les structures discursives d'une culture deviennent perméables, reconstituables et donc « historiques », au meilleur sens du mot, qui est d'ailleurs le seul valable, signifie que les identités noires ne sont pas susceptibles d'être restreintes à une pure répétition de leurs origines, quelles que soient la façon dont ces origines sont conçues, car la multiaccentualité de la race, en tant que signifiant glissant, signifie qu'il n'est pas possible de limiter les variétés d'identité que l'expérience noire inclura.

La race n'est-elle donc rien de plus ou de moins qu'un signifiant glissant ? N'est-elle rien d'autre qu'une chose qui apparaît dans le système de représentation racisé comme le site d'un ensemble d'opérations discursives qui n'importent que parce qu'elles constituent un régime de vérité particulier organisant les pratiques sociales ? L'effroyable expérience de la race dans le monde moderne se réduit-elle à une métaphore ou une métonymie de la différence culturelle à l'œuvre dans notre monde, ni plus, ni moins ? Le cas échéant, pourquoi ne parvenons-nous

38. Le concept de multiaccentualité a été introduit par Mikhaïl Bakhtine dans le quatrième essai d'*Esthétique et théorie du roman*, trad. fr. D. Olivier, Paris, Gallimard, 1978.

pas à nous défaire de cette addiction, comme on arrête de fumer ? Il y a un mot qui convient parfaitement pour désigner les différences culturelles entre les groupes : *ethnicité*. Pourquoi donc ne pas tout simplement dissoudre ce que nous appelons race dans ce mot ? Je vais maintenant me pencher sur cette question, et tenter d'ébranler le concept d'ethnicité comme j'ai essayé de le faire avec celui de race.

# 2

# Ethnicité et différence à l'ère de la mondialisation

Puisque le concept de « race » fonctionne au sein du discours racial comme une « métonymie de la culture », selon l'expression employée par Anthony Appiah, ne devrions-nous pas nous épargner les apories introduites par les références au biologique que véhicule le terme ? N'est-il pas temps de faire le grand saut, de prendre enfin véritablement la culture au sérieux, et de nous engager irrévocablement à penser la race en termes de « communautés de signification, qui se fondent les unes dans les autres de multiples façons au sein de la riche et complexe structure du monde social, dont le domaine relève non de la biologie, mais de l'interprétation herméneutique[1] » ? Mais alors, s'agit-il en définitive d'affirmer que la race n'est définie que par la culture, comme le veut l'orthodoxie actuelle ?

1. Anthony Appiah, « The Uncompleted Argument: Du Bois and the Illusion of Race », *in* H. L. Gates Jr. (dir.), *"Race", Writing and Difference*, Chicago, University of Chicago, 1986, p. 36.

Je me suis efforcé de soutenir l'idée qu'il n'est pas possible de se débarrasser à si bon compte de la trace biologique qui persiste dans le discours racisé et d'en éluder la spécificité. Et cela non parce que la race pourrait accomplir ce que ceux et celles (de part et d'autre du spectre politique) qui en font usage dans sa forme biologique ou génétique pensent qu'elle peut accomplir, ni non plus parce que le biologique-génétique pourrait fonder les prétentions à la vérité du discours racial, mais parce que le discours racial n'est en aucune manière une forme de vérité, parce qu'il s'agit bien plutôt d'un « régime de vérité », au sens où j'ai employé cette expression dans ma première conférence. L'élément biologique-génétique fonctionne en fixant discursivement la différence tout au long de la chaîne d'équivalences dans le système racial de représentation. Ainsi, quelle que soit sa « vérité » en termes de validité scientifique, c'est à travers ses *opérations discursives* que la race donne sens au monde, lui confère un certain sens, construit un ordre d'intelligibilité, organise les pratiques humaines au sein de ses catégories et ainsi se dote d'effets réels. Comprendre ce fonctionnement discursif revient à comprendre que la race est un signifiant glissant.

Cette perspective ne contredit pas la thèse selon laquelle le discours racial opère de façon à masquer le caractère socio-historique et culturel des différences en question. Mais l'une des implications de mon point de vue est qu'avec tous les discours de la différence nous sommes véritablement sur le terrain de la production de distinctions signifiantes, lequel doit toujours être compris comme articulé aux opérations du pouvoir – aux effets réels et symboliques de la subordination et de la subjectivation – qui, pour sa part, travaille à positionner tous les systèmes discursifs au sein de ses limites symboliques.

Ce qui nous préoccupe ici, c'est la production discursive d'« effets de frontières », comme Ernesto Laclau et Chantal Mouffe les appellent : le jeu de l'Occident blanc construisant et consolidant des identités occidentales et blanches à travers l'inscription discursive de l'altérité[2]. Je l'ai déjà dit, la production des autres de l'Occident a débuté avec l'aventure euro-impériale. Elle coïncide donc avec la modernité. Et, comme je l'ai également déjà suggéré, elle a basculé avec les Lumières de la délimitation de différences *entre* différentes espèces humaines à la délimitation de différences *au sein* d'un seul et même continuum humain, par rapport auquel la race a fourni le trope de la polarisation fondamentale des sociétés humaines, avec leurs multiples gradations et variations, entre « civilisation » et « barbarie ». Le discours de la race, avec sa pathologisation et sa fétichisation de l'autre en termes corporels, est, dans cette perspective, une manifestation historiquement spécifique, particulièrement brutale et violente, de la formation discursive plus vaste que nous pouvons appeler « eurocentrisme » ou « occidentalocentrisme ». Proposer une telle redéfinition ontologique de la race ne revient en aucune façon à ignorer ou à minimiser sa singularité historique ou ses

2. Ernesto Laclau et Chantal Mouffe, *Hégémonie et Stratégie socialiste. Vers une politique démocratique radicale*, trad. fr. J. Abriel, Besançon, Les Solitaires intempestifs, 2009, notamment le chapitre 3.

conséquences historiques désastreuses depuis des siècles. Bien au contraire. Cela revient à prendre la race au sérieux en tant que système discursif de production de l'altérité – un système culturel et historique qui opère dans le champ signifiant – et à reconnaître ses effets réels et différentiels, donc à refuser sa réduction à une quelconque conception transculturelle ou transhistorique de la différence qui serait garantie biologiquement et fondée en nature. Cependant, ce geste critique revient aussi à reconnaître que concevoir précisément la race comme une variante des discours de la différence culturelle établit de nouvelles relations entre elle et les autres formations discursives de la différence, les autres sites d'antagonisme que le jeu du pouvoir-savoir-différence produit.

Si la différence culturelle est la formation discursive plus générale dont nous parlons, alors il y a, comme je l'ai signalé en plusieurs occasions, un terme parfaitement adéquat pour faire référence à cette région distincte de la différence – qui renvoie aux langues, aux traditions, aux croyances religieuses, aux idées culturelles, aux coutumes et aux rituels partagés reliant entre eux les différents membres d'un groupe –, un terme sous lequel, peut-être, ce à quoi nous faisons référence avec le mot « race » devrait théoriquement être subsumé[3]. Ce terme est bien sûr celui d'« ethnicité ». Certes, je suis conscient du caractère profondément problématique et hautement

3. Stuart Hall, « Nouvelles ethnicités », *Identités et Cultures. Politiques des* cultural studies, trad. fr. C. Jaquet, Paris, Amsterdam, 2017, p. 399-412. Voir également Stuart Hall, « Ethnicity: Identity and Difference », *Radical America*, nº 23, 1989, p. 9-20.

sensible que revêt le mot « ethnicité » dans le contexte états-unien. Il s'agit dans ce contexte d'une notion presque aussi controversée – mais tout de même pas tout à fait – que celle de race. L'ethnicité a une place très particulière dans l'histoire de la nation américaine dans la mesure où, contrairement aux États-nations européens, cette société s'est toujours comprise, depuis le moment inaugural de son histoire à l'époque moderne, comme composée de migrants et donc comme formée de multiples ethnicités organisées hiérarchiquement. Depuis les grandes migrations de la deuxième moitié du XIXe siècle, les États-Unis se sont représentés comme un *melting pot* ethnique – un *melting pot* qui bouillonne et auquel il arrive parfois de déborder, mais qui en général permet de faire prendre les différents ingrédients qu'il contient sans les dissoudre totalement. C'est là un de leurs mythes fondateurs primordiaux. L'Amérique est « le creuset de Dieu », selon la formule du dramaturge Israel Zangwill, « dans lequel toutes les races d'Europe se fondent et se reforment[4] ». *E pluribus unum* : de plusieurs, un peuple – ou pas, comme Alexis de Tocqueville était fortement enclin à le penser[5]. Plus que toute autre société industrielle occidentale développée, les États-Unis ont été transformés par de grandes vagues migratoires – comme ils le sont une fois encore en cette fin du XXe siècle. Il n'y a donc rien de surprenant au fait que la philosophie officielle qui exprime

4. Voir Werner Sollors, *Beyond Ethnicity: Consent and Descent in American Culture*, New York, Oxford University Press, 1986, notamment p. 66-101.
5. Alexis de Tocqueville, *De la démocratie en Amérique*, Paris, Flammarion, 2002.

la conscience de soi de ce pays en tant que nation – le pluralisme libéral – reflète l'hétérogénéité de la composition ethnique et des intérêts ethniquement définis de son peuple. Dans ce contexte, au cours des années 1960 et 1970, aux États-Unis, le concept d'« ethnicité » a fait l'objet d'un usage intensif et d'incessantes controverses dans le domaine des sciences sociales. Mais avec l'actuelle nouvelle vague de migrants, en provenance notamment d'Amérique centrale, d'Amérique latine, de la Caraïbe et d'Asie, ce concept a fait un retour retentissant et perturbant sur la scène politique.

Je veux cependant, en ce point de mon exposé, étendre le cadre de mon enquête et laisser de côté pour un temps la riche complexité de l'Amérique considérée à travers le prisme historique de l'ethnicité (que Werner Sollors, parmi d'autres, a étudié de façon si pénétrante). Je voudrais en effet maintenant porter mon regard plus particulièrement sur cette ultime période – c'est-à-dire, sur les mouvements de population de la fin du XXe siècle, les grandes migrations, prévues et imprévues, du temps présent. Bien que ces migrations affectent les États-Unis de diverses façons toutes particulières, il s'agit d'un phénomène mondial dont la portée historique est considérable[6]. Je veux placer aujourd'hui au cœur de ma réflexion cette dimension mondiale du phénomène et resituer la spécificité de la situation états-unienne dans ce contexte mondial plus large, afin de saisir les liens entre la mondialisation et le retour inattendu et spectaculaire

6. Werner Sollors (dir.), *The Invention of Ethnicity*, New York, Oxford University Press, 1991.

de l'ethnicité sur la scène de la modernité tardive ou de la postmodernité. Mon but est par là de montrer que la question de l'ethnicité – mais aussi, d'une part, de la race et, d'autre part, de la nation, avec lesquelles elle entretient des relations délicates et problématiques – pose un problème clé qui vient perturber chacun de ces trois termes. Formuler la question de cette façon nous permet de poser ce que je considère comme le problème essentiel du XXIe siècle – celui de la différence et de la nécessité de vivre avec elle – d'une manière qui non seulement évoque le problème de la « ligne de partage des couleurs » que W. E. B. Du Bois signalait il y a plus de cent ans, mais qui de plus permet d'en ressaisir une transformation historiquement spécifique.

## Le retour de l'ethnicité

Même dans le contexte plus récent de la mondialisation et de la modernité tardive, où le mot d'« ethnicité » fait plus évidemment référence qu'auparavant à ce que Du Bois appelait la « ligne de partage des couleurs » – « la relation entre des races d'hommes plus sombres et des races d'hommes plus claires » –, la relation entre race et ethnicité reste compliquée et problématique[7]. Les relations présentes entre les Noirs et les minorités ethniques aux États-Unis (mais aussi, de plus en plus, en Europe, de l'Est comme de l'Ouest) ne sont pas seulement socialement et politiquement compliquées, elles ne constituent pas seulement une source de frictions et de troubles

7. W. E. B. Du Bois, *Les Âmes du peuple noir*, trad. fr. M. Bessone, Paris, La Découverte, 2007, p. 20.

autant qu'une opportunité de s'allier pour faire cause commune. Les particularités historiques auxquelles les deux termes de « race » et d'« ethnicité » font référence sont de surcroît très différentes quand on y regarde de plus près. Quant à leurs effets, les temporalités propres à chacun de ces termes se distinguent nettement : la race et ses histoires représentent une des dynamiques essentielles – un fait historique fondateur – de la société et de l'histoire américaines, alors que l'ethnicité, en particulier dans son acception multiculturelle, est d'origine plus récente, et joue un rôle très différent dans la société états-unienne, si on le compare à celui qui est le sien en Europe. La tension entre ces deux termes suscite de plus en plus fréquemment la crainte de voir à nouveau l'ampleur et la gravité de l'oppression raciale marginalisées par sa dispersion sur le spectre plus segmenté et généralisé de l'inclusion et de l'exclusion différentielles associé à l'ethnicité.

Un débat intimement lié à la manière dont race et ethnicité ont été mises en scène récemment s'est développé au Royaume-Uni dans les années 1970, au moment précis où l'illusion d'un *melting pot* ou d'une issue assimilationniste aux migrations afro-caribéennes et asiatiques des années 1950 et 1960 a été finalement abandonnée, suite à la montée en puissance d'un mouvement d'agitation ouvertement raciste dans les rues des villes de Grande-Bretagne et à l'adoption par le Parlement britannique de lois clairement racisées sur l'immigration. Permettez-moi de m'arrêter un instant ici pour souligner que la fin du rêve assimilationniste caractéristique de la première période de la migration afro-caribéenne et asiatique constitue un tournant décisif, et que, considéré depuis la perspective qui est la mienne ici, il a une signification historique de portée mondiale. Il s'agit du moment pivot où, confrontée à la persistance du racisme, la première génération de migrants au Royaume-Uni a finalement abandonné le rêve libéral-assimilationiste parce que le prix, en termes de négation de soi et d'auto-humiliation collective – réelles et symboliques –, en était tout simplement trop élevé. Petit à petit, le discours assimilationniste libéral, généreux et bien intentionné, hérité des Lumières, en est venu à révéler son côté obscur : certes, personne n'est exclu *a priori* de la « famille humanité », mais il *vous* faut néanmoins devenir toujours davantage comme *nous*. Les migrants commencèrent à insister sur leurs droits à être des citoyens dotés de prérogatives égales au sein de la communauté politique tout en restant culturellement différents – noirs et fiers de l'être. Ce changement intervint au lendemain de la décolonisation et, simultanément, à la suite de la révolution de la conscience noire et du mouvement pour les droits civiques des années 1960 aux États-Unis – un mouvement qui, selon moi, a brisé le rêve assimilationniste de façon comparable à ce qui s'est passé en Grande-Bretagne.

Je voudrais avancer l'idée que ce moment pivot, qui trouve son point de départ dans les années 1960, ne représente pas seulement un développement important des luttes contre l'oppression et les discriminations raciales, qui n'ont jamais cessé depuis l'époque de la colonisation et de l'esclavage, mais qu'il s'agit également d'un moment de rupture et de transformation dont l'importance est considérable. Jusqu'alors, la contestation antiraciste avait surtout ancré ses arguments dans l'universalisme humaniste des Lumières – dans le versant « lumineux » des Lumières, si l'on peut dire –, c'est-à-dire du côté de la citoyenneté universelle invoquée par la Révolution haïtienne lors de son moment inaugural, en 1791, quand elle demanda l'abolition de l'esclavage à l'Assemblée nationale française au nom de l'universalité des droits de l'Homme. Que disaient en effet les révolutionnaires haïtiens sinon : « Nous sommes noirs, mais nous sommes des humains et en conséquence nous sommes nous aussi des citoyens universels » ? Mais, nous le savons, ce qui était implicite dans la réponse poussiéreuse que l'Assemblée nationale fit à Toussaint Louverture, c'était l'universalisme humaniste panoptique des Lumières occidentales et de leur pensée révolutionnaire, lesquelles s'avéraient en fait fondées sur un particularisme assimilationniste : « Oui, vous êtes et noirs et humains, mais, pour être véritablement humains, vous devez devenir français et européens, vous devez devenir civilisés, comme nous. »

Dans son article de 1994 intitulé « Superior People », Bhikhu Parekh a contribué de façon significative à la mise en évidence de la contradiction désastreuse gisant au cœur des Lumières et de la pensée libérale, faisant ainsi apparaître ce côté obscur[8]. Catherine Hall, une historienne de la culture féministe qui travaille sur le genre, la race et l'ethnicité (et qui se trouve également être ma compagne), attire elle aussi l'attention sur ce point.

---

8. Bhikhu Parekh, « Superior People: The Narrowness of Liberalism from Mill to Rawls », *Times Literary Supplement*, n° 25, février 1994, p. 11-13.

À travers son travail sur le rôle joué par la Jamaïque dans la constitution et l'imaginaire d'une ethnicité anglaise blanche au XIXe siècle, dans la période qui a suivi l'abolition de l'esclavage, elle s'efforce de démontrer qu'il n'est pas possible de comprendre la complexité des marqueurs changeants de la différence qui définissent alors la formation discursive raciale tant que nous ne comprenons pas aussi la spécificité de la pensée des missionnaires baptistes libéraux et abolitionnistes. Ces derniers ont en effet joué un rôle décisif dans l'effort pour faire des esclaves libérés des sujets respectables et chrétiens et pour produire des familles noires chrétiennes respectables dans les villages de la Jamaïque. La pensée libérale des missionnaires baptistes a eu des effets bien réels et substantiels, perceptibles notamment dans la force persistante du baptisme noir dans la vie religieuse de la Jamaïque contemporaine. Or elle se différenciait significativement à la fois du racisme « spéciste » de la plantocratie jamaïcaine blanche et de ce que nous considérerions aujourd'hui comme un authentique discours noir de libération et d'égalité raciale[9].

Ainsi, ma proposition provisoire est que, bien que le débat entre, d'une part, l'égalité revendiquée sur la base de l'universalité ou de l'identité et, d'autre part, l'égalité revendiquée sur la base de la différence eût déjà affleuré

9. Catherine Hall, « Missionary Stories: Gender and Ethnicity in England in the 1830s and 1840s », *White, Male and Middle Class: Explorations in Feminism and History*, Cambridge, Polity, 1992, p. 204-254. Ces analyses des rapports entre la Jamaïque et la Grande Bretagne sont prolongées dans Catherine Hall, *Civilizing Subjects: Colony and Metropole in the English Imagination, 1830-1867*, Cambridge, Polity, 2002.

dans le féminisme émergent de la fin du XVIII^e siècle et qu'il eût fait un retour en force avec la montée du mouvement des femmes dans les années 1968, ce n'est qu'avec le moment pivot des années 1960 et 1970 qu'il a acquis un place significative dans le discours antiraciste et anticolonialiste. À partir de ce moment-là, la reconnaissance politique mais aussi la célébration culturelle de la différence ont constitué une rupture discursive majeure pour l'acceptation et la valorisation de la différence, pour la reconfiguration de la différence culturelle en tant que foyer positif d'identité et d'identification, et cette reconnaissance en est venue par la suite à redéfinir le champ plus vaste des antagonismes sociaux dans la politique contemporaine en général. Ce moment marque la rupture avec le discours de l'universalisme des Lumières et de l'humanisme libéral sur lequel, jusque-là, les luttes de résistance avaient été fondées. Bien que le discours de l'« égalité » des Lumières continue de fonctionner discursivement dans toutes les luttes contre la dialectique de l'altérité, il a été depuis lors sérieusement déstabilisé et placé de façon permanente « sous rature » par le discours de la « différence », et en conséquence toutes les revendications fondées sur une similarité ou une identité supposées sont soumises à ce que Derrida appelle le jeu infini du « tissu de différences[10] ». En ce point, les discours de l'antiracisme commencent à partager un espace discursif contigu avec les autres discours de la différence culturelle, et nous entrons définitivement dans un nouveau moment post-Lumières de la politique de l'identité culturelle.

10. Jacques Derrida, *Marges de la philosophie*, Paris, Minuit, 1972, p. XIX.

À la lumière du schéma d'analyse que j'ai introduit pour comprendre ce qui est en jeu dans ledit retour de l'ethnicité et dans la reconfiguration de la différence culturelle – qui me paraissent être devenus des caractéristiques essentielles de notre temps, celui de la modernité tardive, post-Lumières, et de la mondialisation –, nous pouvons maintenant nous efforcer de reformuler la question de savoir comment les migrants afro-caribéens et asiatiques vivant au Royaume-Uni dans les années 1950 et 1960 se sont repositionnés. À partir de l'examen du contexte britannique, permettez-moi de faire le récit de ce que je considère comme les transformations discursives clés impliquées par ce que j'appelle l'ambigu « retour de l'ethnicité » dans le cadre de la mondialisation.

La fin du rêve assimilationniste et la revalorisation positive du discours de la différence n'ont pas cessé, depuis les années 1970, de susciter et d'entretenir un débat au sein des mouvements de contestation de la discrimination et de l'oppression raciales au Royaume-Uni. « Multiculturalisme » était devenu un gros mot. On considérait qu'il faisait référence à ces occasions où s'exprimait un pluralisme culturel condescendant, symptomatique de la période antérieure (et familier à ceux d'entre nous qui étaient déjà au Royaume-Uni en tant qu'étudiants quand commença la vague de migration des ouvriers noirs), lorsque nous étions invités, par quelque église ou groupe communautaire blanc éclairé et bien intentionné, à préparer des « plats ethniques », à revêtir nos « habits ethniques » et à entonner nos chants en « langues ethniques ». J'avais beau fouiller dans mon placard, il m'était impossible de mettre la main sur quoi que ce soit d'apparenté à un costume ethnique qui m'aurait permis de participer à ce « spectacle de l'ethnicité », comme je l'appelais alors. Le multiculturalisme en vint à être considéré comme une dénégation volontaire, une ignorance délibérée des structures profondes de la discrimination raciale institutionnalisée à l'œuvre dans les domaines du logement, de l'éducation, de l'emploi, du salaire, des conditions de travail et de l'aide sociale. Selon cette perspective, le multiculturalisme servait à dissimuler les formes les plus ignobles de racisme et de discrimination raciale, devenues parties intégrantes de la vie quotidienne des familles ouvrières noires ordinaires. Le multiculturalisme, affirmait-on, ne prenait en compte que les effets de surface du racisme, et les choses étaient aggravées par l'orthodoxie traditionnelle de la gauche, laquelle considérait que, dans tous les cas, la classe et les problèmes matériels primaient, et que les problèmes culturels n'étaient que des problèmes secondaires relevant de la superstructure.

L'antiracisme devint ainsi dans les années 1970 le pendant du multiculturalisme selon une logique d'opposition binaire et le signifiant d'un ensemble de stratégies de lutte politique de la gauche radicale. Il est à noter que ce fut également le moment où, privilégiant la race au détriment de la différence, le signifiant « noir » devint la catégorie organisatrice et mobilisatrice de l'identification adoptée à la fois par les Afro-Caribéens et les Asiatiques. Il incluait donc les Sikhs, les Hindous, les Musulmans et les Bangladais ainsi que d'autres groupes culturels du sous-continent indien, aussi bien que les Jamaïcains, les Trinidadiens, les Barbadiens et les personnes issues des « petites îles » des Caraïbes. En conséquence, cet usage du mot « noir » conféra une visibilité à son fonctionnement en tant qu'identité discursive-politique, symbole d'identification adopté par différents groupes culturels dans le cadre de leur lutte commune contre le racisme, en lieu et place d'un signifiant ethnique faisant référence à différentes caractéristiques culturelles.

La pratique consistant à se désigner comme « noir » n'a jamais eu un caractère universel. D'une part, certains migrants, notamment ceux venus du sous-continent indien, peut-être moins impliqués dans la politique antiraciste active, avaient le sentiment de ne pas pouvoir s'identifier aussi aisément à un terme d'abord utilisé pour désigner une identité culturelle racisée et qui faisait référence de façon beaucoup plus évidente aux personnes afro-caribéennes, pour lesquelles « noir » renvoyait aux « différences physiques grossières que sont la couleur, la chevelure et l'ossature », que nous avons déjà examinées. Mais, d'autre part, l'identification des jeunes Afro-Caribéens dans les années 1970 – à travers l'adoption des emblèmes et des langues du rastafarisme ainsi que l'identification métaphorique que ce dernier permettait d'établir entre eux et les mères-patries symboliques des Caraïbes et d'Afrique – renforçait le contenu culturel du signifiant « noir » et lui donnait une spécificité culturelle. À mesure que refluait, au cours des années 1980 et 1990, la vague de l'antiracisme radical associée aux années 1970 et à la période ouverte par les révoltes de 1981, les questions culturelles acquirent toujours plus d'importance. Et tandis que les politiques situées sur le terrain de la culture occupaient une place toujours plus prépondérante dans les luttes contre l'oppression et la marginalisation raciales, le signifiant « noir » – qui permettait de constituer une cause commune sur la base d'alliances politiques entre Asiatiques et Afro-Caribéens –, s'il n'a pas disparu, a du moins connu un déclin relatif. Cependant, la fragmentation de cette scène et l'émergence d'une multiplicité d'identités ethniques qui hiérarchisent leur spécificité culturelle, semble annoncer l'avènement d'une version américaine du multiculturalisme pluraliste, et ce alors même que non seulement la différence culturelle est toujours davantage valorisée aujourd'hui au Royaume-Uni, mais que la spécificité des différentes traditions culturelles est devenue un aspect central de la construction des identités, conçues dans une perspective particulariste, comme si elles étaient homogènes, closes sur elles-mêmes et auto-suffisantes. Une certaine forme de politique de l'identité ethnique s'est ainsi imposée par rapport à... par rapport à quoi au juste ? J'ai un temps été tenté de répondre que ces évolutions intervenues dans les années 1990 s'étaient imposées par distinction d'avec la politique développée autour du signifiant racial « noir ». Mais, comme je l'ai suggéré, il n'y avait là, dans le contexte britannique, rien de « racial » au sens courant et habituel du terme, puisqu'il s'agissait d'un signifiant qui était parvenu à mobiliser et à s'attacher l'identification de différents groupes – asiatiques et afro-caribéens – dont on pouvait difficilement dire qu'ils appartenaient à la même « race », et qui n'avaient en partage qu'une seule des « grossières » différences physiques ou biologiques – la couleur –, et encore au sens le plus vague et le plus métaphorique, celui auquel fait référence l'expression « personnes de couleur », aux États-Unis, ou plus généralement celle de « non-Blancs ».

« Noir » était un signifiant politique en ceci que le récit qu'il proposait comme support d'identification suggérait que la similarité unifiant les groupes qui, pour reprendre le terme de Du Bois, le prenaient comme « insigne » – qui s'identifiaient à lui en tant que signifiant de l'expérience de l'oppression raciale et de l'exclusion en raison de la couleur, et qui exprimaient leur refus politique de la marginalisation sur la base de la race – était plus grande que la différence qui tendait à les diviser, qu'il s'agisse de morphologie, de langue, d'histoire, de coutumes ou de religion. Nous voyons ainsi comment la politique de tels mouvements, en dépit de l'adoption militante d'un étendard antiraciste, fonctionnait effectivement sur le plan discursif : à travers l'opération du signifiant glissant et de ses rapports de similarité et de différence, cependant que ces évolutions prenaient forme par la rupture avec les discours humanistes libéraux et universalistes.

Une autre dimension poussait à l'unification politique des deux groupes, celui des Asiatiques et celui des Afro-Caribéens : ils avaient en partage l'histoire de la colonisation et de l'impérialisme. Dans la comparaison entre la politique antiraciste au Royaume-Uni dans les années 1970 et 1980 et la nouvelle politique mondiale de la différence culturelle contemporaine, un des aspects que mon récit met en avant est la façon dont cet héritage partagé de la colonisation et de l'impérialisme, ou les contradictions entre le premier et le tiers monde, entre l'Occident et le reste de la planète, s'ajoute à et renforce parfois ce que Du Bois appelle l'héritage social partagé de l'esclavage, tout en brouillant, à d'autres moments, cet héritage, l'interrompant et établissant finalement avec lui un rapport de recoupement partiel mais aussi de disjonction. Dans la nouvelle politique de la différence culturelle, c'est une des lignes de fracture de la spécificité historique qui simultanément recoupent l'unité supposée de l'expérience et de l'identité parmi les Noirs de la diaspora et, sur un autre plan, fracturent toute unité politique présupposée, donnée ou garantie, entre les Noirs et les autres minorités ethniques. Il en résulte non pas une convergence des luttes, mais un problème postmoderne qui ne nous est que trop familier : la prolifération des antagonismes sociaux. La transformation que je viens de décrire – le déclin du signifiant « noir » relativement à la montée en puissance d'identités ethniques plus distinctes depuis les années 1980 au Royaume-Uni – peut être considérée comme l'un des aspects d'un phénomène plus vaste, celui du « retour de l'ethnicité ». On peut en trouver aux États-Unis des équivalents – qui néanmoins conservent une certaine spécificité – dans les relations compliquées entre les Noirs et les Chicanos, les autres Latinos, les Coréens, les Vietnamiens, les Chinois ainsi que les autres groupes ethniques non-blancs issus de la vague migratoire des années 1980. Nous avons donc affaire ici à l'émergence, à la fin du XX$^{e}$ siècle, d'un champ de différence et de contestation raciales, culturelles et ethniques, qui s'articule de façon différente en différents lieux. Je le définirais comme un champ d'antagonisme et de contestation culturelle qui connaît des processus de foisonnement et de fragmentation, qui refuse de devenir un espace unifié et suturé de représentation politique, et reste bien plutôt un champ de différence articulé, dans sa forme relativement disloquée et désintégrée, comme un site d'antagonisme généralisé.

Pour compliquer encore davantage le tableau, ce que j'appelle le « retour de l'ethnicité », qui privilégie la différence culturelle par rapport à la politique de l'antiracisme, n'est pas le dernier mot de l'histoire. Au Royaume-Uni, la montée en puissance d'identités ethniques distinctes occupe déjà le même terrain discursif qu'un signifiant rival : « Britannique noir ». Dans cette formule, le premier mot reçoit du second une inflexion problématique. L'expression se saisit également de la culture nationale comme d'un site de contestation, mais elle tend à se jouer des frontières raciales et ethniques entre Afro-Caribéens et Asiatiques plutôt que de les renforcer. Ce signifiant gagne aujourd'hui rapidement du terrain au Royaume-Uni, tout particulièrement au sein de la troisième génération des deux groupes. Si l'on considère les taxinomies et ce qu'elles nous disent de la façon dont les identités sont construites et mobilisées par la transformation des signifiants dans la lutte politique comme autant d'énigmes stimulantes, on appréciera sans doute de réfléchir aux similarités et aux différences au sein de chacune des diasporas de « l'Atlantique noir » (pour reprendre le concept fondateur de Paul Gilroy) et entre elles. Au regard de ce qui vient d'être dit, il est frappant de constater que les Américains noirs ont adopté l'honorable désignation nationale ethnicisée, souvent écrite avec un trait d'union, d'« Africains Américains » exactement au moment – qui est un moment d'ethnicisation des taxinomies raciales – où, au Royaume-Uni, les communautés de migrants noirs des Caraïbes et d'Asie commencèrent, avec quelque hésitation, à approuver l'identité nationale racisée de « Britannique noir », dont on pourrait dire qu'elle représente aussi un moment d'ethnicisation de la nation.

J'espère en avoir assez dit à l'appui de l'affirmation selon laquelle, dans les discours de la différence culturelle qui ont acquis une importance croissante dans notre monde post-Lumières, l'« ethnicité » est, tout autant que la « race », une construction discursive, un signifiant glissant. En effet, dans les taxinomies de la différence culturelle et dans le jeu des identités et des identifications, soit ce qui se trame d'important derrière ces jeux discursifs, l'ethnicité et la race continuent de jouer à cache-cache l'une avec l'autre. L'idée dont nous sommes partis – à savoir que les discours de la différence culturelle pourraient résoudre les problèmes engendrés par les opérations discursives liées à la race – s'avère ainsi par trop optimiste.

## La mondialisation de la modernité tardive

Mais pourquoi donc alors assistons-nous au retour de l'ethnicité, à la réévaluation positive de l'*ethnos*, non seulement dans les cas que j'ai évoqués, mais plus généralement, au niveau mondial ? Comment comprendre et raconter ce qui est en train d'advenir à l'échelle mondiale s'agissant des questions de l'identité culturelle, de la différence culturelle et de la politique de la représentation culturelle en ces temps postcoloniaux et post-Lumières, qui semblent être également postnationaux – autrement dit, en ces temps où l'État-nation impérialiste occidental pourrait bien s'avérer appartenir au passé ? Si je souligne cette dimension conjoncturelle, c'est parce que le caractère transitoire et irrésolu de la période est très exactement ce que le préfixe *post* s'efforce de ressaisir selon moi. Ce préfixe insiste sur la question de savoir ce après quoi nous venons, ce à la suite de quoi nous nous trouvons, sans cependant nous situer en aucune façon au-delà de ses effets durables, et sans pouvoir nommer avec la moindre certitude la condition nouvelle vers laquelle nous nous acheminerions. Et en effet, l'omniprésence de ce préfixe fait plus que suggérer que la transition en cours pourrait être un état de choses permanent : une transition sans fin, une époque de bouleversement sans promesse de dépassement.

Ainsi, *postcolonial* désigne la période qui vient après l'époque où la domination impériale s'exerçait à travers des formes directes de colonisation, mais il désigne aussi une période où tout advient encore dans le sillage du colonialisme et, en conséquence, où tout porte la trace des perturbations provoquées par la colonisation. Le terme indique un moment où tout dans le débat d'idées fait référence à la puissance colonisatrice dominante, à l'Occident, puissance à laquelle une résistance peut être opposée, mais dont la présence comme force active, comme interlocutrice, ne peut être niée, dans la mesure où les arrangements qui caractérisaient l'époque précédente restent visibles et actifs et où ils continuent d'avoir des effets réels. Ainsi, il est possible d'employer le mot « postcolonial » de la même façon que l'on emploie celui de *poststructuralisme*, à savoir pour désigner le moment théorique qui vient après un structuralisme non entièrement dépassé, auquel il est encore fait référence dans les déplacements théoriques que s'efforce d'opérer ledit poststructuralisme. Il suit aussi de là que le *postmodernisme* est le temps qui vient après le modernisme, un temps qui est impensable sinon comme renversement et réarticulation du discours du modernisme, geste qui fait sortir le modernisme des musées pour lui faire gagner la rue. Et la *déconstruction* est le temps d'après les grands récits de la métaphysique occidentale et de la modernité, mais il s'agit d'un temps qui est incapable de transcender les points limites discursifs contre lesquels son propre anti-fondationnalisme est dirigé. Dans ces circonstances particulières, les identités culturelles seraient un autre concept placé « sous rature », car justement les formes concrètes de l'identité et de la différence culturelles qui étaient constituées par les grands discours de la modernité – les discours impérialiste, national, racial, ethnique, masculin, ethnocentrique, hétérosexuel – sont maintenant simultanément décentrées *et* reconfigurées en de nouvelles combinaisons. Comment donc, en ces temps mondialisés, l'identité culturelle doit-elle être constituée et narrée ?

En cette fin de XX^e siècle, un ensemble complexe de processus et de forces de changement, qu'on peut en effet désigner par commodité du mot de « mondialisation », bouleverse fortement les identités culturelles. Par ce terme, nous entendons l'intégration complète de la production économique, des marchés, des systèmes financiers, des flux d'information et des technologies partout dans le monde, mais aussi le mouvement mondial du capital, des marchandises, des messages et des images médiatiques ainsi que des personnes, et la perturbation des frontières établies – réelles et symboliques – qui en résulte. La mondialisation renvoie à ces processus qui se recoupent, qui débordent toujours davantage les frontières nationales, qui intègrent et connectent États-nations et cultures nationales, ainsi que diverses communautés et organisations, pour former de nouvelles combinaisons d'espace-temps qui rendent le monde plus interconnecté, dans les faits comme dans l'expérience que l'on peut en avoir. Tout ceci implique le déclin de l'idée politique classique d'État-nation souverain, de l'idée qui était celle de l'économie classique d'une économie nationale se régulant elle-même et de la conception sociologique classique de la société comme totalité suturée. Cette dernière est maintenant remplacée par une approche consistant à examiner la façon dont la vie sociale est ordonnée par des temps et des espaces discontinus mais qui se chevauchent en partie[11].

11. Voir Arjun Appadurai, « Disjuncture and Difference in the Global Cultural Economy », *Public Culture*, nº 2, 1990, p. 1-24. Voir également Stuart Hall, « Le local et le global : mondialisation et ethnicité », *Identités et*

Ces compressions spatio-temporelles, ou disjonctions de distances et de temporalités, constituent certaines des caractéristiques les plus significatives de la mondialisation, et elles ont un rapport direct avec les questions relatives à l'identité et à la culture. Le temps et l'espace sont, après tout, les coordonnées de base de tous les systèmes de représentation, comme David Harvey l'a démontré avec force dans *The Condition of Postmodernity*[12]. Tout mode de représentation – l'écriture, le dessin, la peinture, la photographie, les télécommunications, les systèmes d'information – doit traduire son sujet dans des dimensions spatiales et temporelles. Les récits littéraires traduisent ainsi les événements en séquences temporelles début-milieu-fin, et les systèmes visuels de représentation traduisent en deux dimensions des objets en trois dimensions. Dans son stimulant ouvrage intitulé *L'Atlantique noir*, Paul Gilroy envisage la possibilité de modifier la façon dont nous représentons l'histoire de la musique noire et de passer d'une histoire linéaire, au cours de laquelle l'authenticité africaine aurait laissé place à l'inauthenticité américaine, à une « circulation à double sens entre les formes culturelles africaines et les cultures politiques » des diasporas. Il introduit l'idée d'un passage « du chronotope du chemin à celui du carrefour[13] », empruntant à Bakhtine sa conception du chronotope

---

*Cultures 2. Politiques des différences*, trad. fr. A. Blanchard et F. Vörös, Paris, Amsterdam, 2019.

12. *David Harvey, The Condition of Postmodernity: An Enquiry into the Origins of Cultural Change*, Londres, Blackwell, 1991.

13. Paul Gilroy, *L'Atlantique noir. Modernité et double conscience*, trad. fr. C. Nordmann, Paris, Amsterdam, 2017, p. 326. [NdT : La traduction

comme « unité d'analyse pour l'étude des textes selon le rapport et la nature de catégories temporelles et spatiales représentées [...], instrument optique permettant de lire les textes comme des radiographies des forces à l'œuvre dans le système culturel duquel ils ont émergé[14] ». Examinant des questions similaires, mais dans un cadre postcolonial plutôt que post-esclavagiste, Homi Bhabha définit les relations entre le colonisateur et le colonisé en termes de temporalités disjonctives : « le colonial » ne peut que se répéter à distance dans « le colonisé », avec une différence déstabilisante, à travers une série de figures faisant écran – l'imitation, la parodie et le réalisme grotesque n'étant que quelques-uns des nombreux circuits à travers lesquels le colonisé occupe l'interstice ou l'intervalle « entre » ces temporalités disjonctives de façon à remonter et à radicalement déstabiliser le temps linéaire de la modernité des Lumières[15]. Dans *Beloved,* de Toni Morrison, les questions de mémoire et de disjonctions radicales parmi les marques du temps fonctionnent de la même façon pour raconter à nouveaux frais l'expérience de l'esclavage dans le contexte africain américain[16].

du passage cité par Stuart Hall a été révisée par l'auteur de la présente traduction.]

14. Mikhail M. Bakhtine, *The Dialogic Imagination: Four Essays*, trad. angl. C. Emerson et M. Holquist, Austin, University of Texas Press, 1981, p. 425 (la citation est extraite du glossaire établi par les éditeurs du livre).

15. Homi Bhabha, « Du mimétisme et de l'homme : l'ambivalence du discours colonial, *Les Lieux de la culture. Une théorie postcoloniale*, trad. fr. F. Bouillot, Paris, Payot, 2007, p. 147-157.

16. Toni Morrison, *Beloved*, trad. fr. H. Chabrier et S. Rué, Paris, Christian Bourgois, 1989.

Le modelage et le remodelage de relations spatio-temporelles au sein de différents systèmes discursifs de représentation ont des effets profonds sur la façon dont les identités sont narrées et comprises. Toutes les identités sont situées au sein d'un temps et d'un espace symboliques. À l'instar de la sexualité, elles prennent place dans un « champ de vision », comme Jacqueline Rose l'a suggéré dans un livre qui porte ce titre, et la vision a toujours des coordonnées spatiales, réelles ou imaginaires, dans un champ ou au sein de la *Gestalt* globale dans laquelle le sujet est « placé » sur le plan perceptuel. Nous pourrions dire que le stade du miroir, qui pour Jacques Lacan est le site même de l'identification imaginaire, est précisément un tel théâtre de relations spatiales, déterminées par le positionnement des différentes parties du moi, et celui du moi et de son reflet dans le regard de l'autre[17]. Dire que toutes les identités sont situées ou imaginées dans un espace et un temps symboliques revient ainsi à dire que nous pouvons considérer les identités culturelles comme « paysagées », comme ayant une place imaginée ou un « foyer » symbolique, une *heimat*. En plus de leur positionnement dans le temps – dans les récits du moi, dans nos propres histoires de vie, dans des traditions inventées qui lient le passé et le présent à travers des mythes originaires qui projettent le moment actuel sur le passé archaïque, et dans des récits nationaux qui relient l'individu à des événements plus vastes sur une échelle plus large –, il nous faut saisir

17. Jacques Lacan, « Le stade du miroir comme formateur de la fonction du Je », *Écrits*, Paris, Le Seuil, 1966, p. 93-100.

la signification complète pour l'identité culturelle de ces relations spatiales qu'Edward Said a appelées les « géographies imaginaires[18] ».

Le lieu est l'une des coordonnées représentationnelles fortes de l'identité culturelle. Son rôle est important à la fois en tant que site local, dense, particulier – où de nombreuses relations se sont sédimentées au cours du temps, produisant un sentiment riche et consistant des façons dont l'espace est ancré dans des modes de vie singuliers – et en tant que garantie symbolique, en quelque sorte, de schémas culturels stables, continus, systématiquement reproduits à travers des traditions qui imitent la stabilité des liens du sang et de la parenté entre les membres liés les uns aux autres d'une population établie et densément liée. Ces coordonnées spatiales et temporelles particulières sont notamment importantes pour ce que j'appellerai la version « forte » de l'identité culturelle induite par le concept d'ethnicité, selon laquelle les activités sociales, les mondes communs et les systèmes de signification globaux sont imaginés prendre place dans le même paysage réel ou hautement spécifique, un lieu établi discursivement à un autre niveau par les liens partagés du sang, de la famille et de la parenté, et donc peut-être, dans une certaine mesure, par des caractéristiques ou des traits physiques partagés. Quand les membres d'un peuple ont en partage non seulement une

18. Edward W. Said, *L'Orientalisme. L'Orient créé par l'Occident*, trad. fr. C. Malamoud, Paris, Seuil, 1997, p. 66-90. Sur l'inscription de l'identité dans un paysage, voir Stuart Hall, « New Cultures for Old », *in* D. Massey et P. Jess (dir.), *A Place in the World? Places, Cultures and Globalization*, Milton Keynes, Open University, 1995, p. 175-213.

langue ou des coutumes communes, mais aussi un *ethnos*, leur sentiment d'attachement ou d'appartenance au groupe est particulièrement fort, et leur conception de l'identité culturelle devient en conséquence très nettement exclusive et homogène. Et en effet, l'ethnicité ainsi entendue est une forme d'identité culturelle qui, bien qu'il s'agisse en fait d'une construction historique et culturelle, est si profondément liée à un sentiment d'appartenance et de communauté d'origine, formé et unifié à de nombreux niveaux au cours d'une longue période – à travers des générations, un espace social commun et des histoires partagées –, qu'elle est vécue et imaginée par beaucoup non comme une construction discursive, mais comme une chose ayant acquis la permanence de la nature elle-même. Bien qu'il soit discursivement construit, le sentiment fort que l'*ethnos* d'une communauté est hérité de manière « naturelle » – que son inscription s'effectue en dehors de ce que nous pourrions appeler le jeu de l'histoire et de la culture, comme s'il relevait des lois naturelles de la descendance – pointe vers une version de l'ethnicité comme forme discursive selon laquelle l'identité culturelle semble relever du domaine « de la famille et des proches », et être enracinée dans « le sang et le sol ». Selon cette acception forte du terme, l'ethnicité contribue à nous faire imaginer la culture comme étant simultanément « ce qui relève de l'espace domestique » et « la maison » elle-même, le lieu dont nous venons originellement, qui a initialement imprimé en nous notre identité culturelle, dont il n'est pas possible de s'échapper, auquel nous sommes attachés par des liens hérités et impératifs, et dont la séparation se répète douloureusement à chaque perte ultérieure dont nous faisons l'expérience.

Vous vous rappelez que, lors de ma première conférence, j'ai décrit le travail discursif qu'effectue la race en tant que signifiant glissant comme la constitution d'une chaîne d'équivalences qui nous permet de lire, à partir des signes visibles constitués par « les différences physiques grossières que sont la couleur, la chevelure et l'ossature », les significations qui se trouvent fixées, pour ainsi dire, en amont de la chaîne, dans le biologique et le génétique, et qui sont également fixées, en aval de la chaîne, comme faisant référence au culturel et au civilisationnel. Je voudrais maintenant suggérer que l'ethnicité non seulement fonctionne au sein de la même chaîne discursive que la race, mais que de plus elle opère de façon similaire, c'est-à-dire comme un signifiant glissant. Ainsi, alors que la race est enracinée dans le biologique et qu'elle glisse vers le culturel, l'*ethnos*, ou l'ethnicité au sens fort que je viens de décrire, semble enraciné exclusivement dans le culturel, dans le domaine des langues partagées, des coutumes, des traditions et des croyances particulières ; *cependant, il glisse constamment* – en particulier avec les conceptions de la parenté qui sont celles du sens commun – vers une inscription transculturelle et même transcendantale dans le sang commun, l'héritage et l'ascendance, qui tous confèrent à l'ethnicité un fondement originaire dans la nature et qui ainsi la situent hors de portée de l'histoire.

Mon argument ici est que, en plus de ses nombreux effets déstabilisants, la mondialisation fracture violemment la coordination spatiale et temporelle des systèmes de représentation de l'identité culturelle et de la communauté imaginaire mis en jeu dans le concept d'« ethnicité », avec cette conséquence décisive que l'identité est aujourd'hui, pour ainsi dire, *homeless*, sans domicile fixe. Anthony Giddens parle de la séparation de l'espace et du lieu opérée par les formes dc la mondialisation typiques de la modernité tardive. Alors qu'on imagine que le lieu est spécifique, concret, connu et familier – en tant que site de pratiques sociales qui nous ont informés et façonnés sur de longues périodes –, Giddens développe la conception de l'espace suivante :

> Dans les sociétés prémodernes, espace et lieu coïncident en grande partie, puisque les dimensions spatiales de la vie sociale sont, pour la majeure partie de la population, et à plus d'un titre, dominées par la notion de « présence » – par des activités localisées. L'avènement de la modernité distingue progressivement l'espace du lieu, en favorisant les relations avec un autrui « absent » avec lequel on n'est jamais en situation de face-à-face. Dans le contexte moderne [...] les différents « théâtres » sociaux sont complètement pénétrés et façonnés par des influences sociales très lointaines[19].

Il s'ensuit que l'une des conséquences de l'intensification de la mondialisation et des formes particulières qu'elle a prises avec la modernité tardive est de nous contraindre à abandonner, comme le soutient Doreen Massey, « notre représentation des lieux comme des réalités établies,

19. Anthony Giddens, *Les Conséquences de la modernité*, trad. fr. O. Meyer, Paris, L'Harmattan, 1994, p. 27.

encloses et dotées d'une cohérence interne » et à chercher « à la remplacer par ou à lui adjoindre une conception du lieu comme lieu de rencontre, à l'intersection d'assemblages particuliers d'espaces d'activité, de connexions et d'interrelations, d'influences et de mouvements[20] ». Cette réflexion vient étayer le point de vue selon lequel le lieu est ce « vaste complexe de réseaux de relations sociales entremêlées et articulées [...], toujours formé par des ensembles particuliers de relations sociales et les effets que la juxtaposition de ces interrelations produit[21] ».

Cependant, aussi remarquables que soient ces évolutions, la mondialisation n'est pas en elle-même un phénomène récent. Nous pouvons considérer qu'elle a pris son essor au moment où, à la fin du XV^e siècle, l'Europe, après avoir expulsé ses autres – les juifs et les musulmans –, s'est tournée vers l'extérieur, et où l'aventure euro-impériale que nous appelons la modernité a été entreprise à l'échelle mondiale. La dislocation d'un monde composé de peuples établis, unifiés territorialement et dont les membres sont attachés les uns aux autres par des liens de parenté, a donc commencé avec l'exploration et la conquête, la colonisation et l'esclavage, comme je l'ai examiné ailleurs[22].

---

20. Doreen Massey, « The Conceptualization of Place », *A Place in the World?*, *op. cit.*, p. 58-59.

21. Doreen Massey, *Space, Place, and Gender*, Minneapolis, University of Minnesota Press, 1994, p. 168.

22. Stuart Hall, « The West and the Rest: Discourse and Power », *in* S. Hall et B. Gieben (dir.), *Formations of Modernity*, Cambridge, Polity, 1992, p. 275-331. Voir également Stuart Hall, « Creolization, Diaspora and Hybridity in the Context of Globalization », *in* O. Enwezor *et al.*, *Documenta II, Platform 3*, Ostfildern-Ruit, Hatje Cantz, 2003, p. 185-198.

La formation encore balbutiante d'une économie de marché capitaliste a pris dès le départ la forme d'un phénomène mondial, plutôt que régional ou continental. À la formule célèbre de Marx à propos des effets déstabilisateurs de ce système-monde, formule selon laquelle « tout ce qui [était] solide se volatilise », on peut ajouter que, sous l'apparence qu'elle a prise avec la modernité tardive, la mondialisation a simplement donné une intensité nouvelle à cet effet, qui a revêtu de nouvelles formes[23]. Mais, même si le capitalisme et le marché mondial ont depuis longtemps fait s'entrecouper les espaces culturels homogènes qui soutenaient les conceptions traditionnelles de l'identité collective, il est frappant de constater que de telles « communautés imaginaires », au sens de Benedict Anderson, sont pour une grande part restées intactes jusqu'à récemment, et ce parce que la nostalgie de la communauté, de la culture commune, est l'une des invariables rengaines compensatoires et consolatrices de la modernité[24]. Nous disposons aujourd'hui d'une masse considérable d'indices du fait que la mondialisation de la modernité tardive, dont nous faisons l'expérience aujourd'hui, sape toujours davantage et met en crise ces formations centralisées et unifiées de l'identité culturelle, et notamment la plus forte de ces identités modernes, la nation. De telles témoignages de l'affaiblissement de l'identification

---

23. Karl Marx et Friedrich Engels, *Manifeste du parti communiste*, 1848 (section « Bourgeois et prolétaires »).

24. Benedict Anderson, *L'Imaginaire national. Réflexions sur l'origine et l'essor du nationalisme*, trad. fr P.-E. Dauzat, Paris, La Découverte, 2002.

à la culture nationale suggèrent que nous observons aujourd'hui un renforcement des flux culturels et des liens collectifs opérant « au-dessus » comme « au-dessous » du niveau de l'État-nation, lesquels fonctionnent sur des échelles qui se recoupent et perturbent les distinctions traditionnelles que sont la localité, le voisinage et la région.

Certains théoriciens de la culture qui s'intéressent à la modernité tardive soutiennent qu'il existe aujourd'hui une très vigoureuse tendance vers l'interdépendance mondiale et que cette tendance entraîne la rupture de toutes les identités fortes. La dissolution de notre vieille idée – mais ne s'agissait-il pas que d'un fantasme ? – du « local » produit une fragmentation des codes culturels, une multiplication de styles induite par la technologie actuelle, une insistance sur l'éphémère et une célébration de la différence dans le cadre du pluralisme culturel contemporain – toutes ces choses que subsume l'expression de « postmoderne mondial[25] ». Dans le cadre du consumérisme mondial, les flux culturels – aussi inégaux qu'ils puissent être, et aussi dominés par l'Occident qu'ils soient – créent nous dit-on la possibilité de nouvelles formes d'identités partagées à l'échelle transnationale, même si le processus de partage entre des personnes séparées par la distance, le temps et les conditions culturelles est médié par le statut des participants : consommateurs de biens toujours plus homogènes,

25. Stuart Hall, « The Question of Cultural Identity », *in* S. Hall, D. Held et T. McGrew (dir.), *Modernity and Its Futures*, Cambridge, Polity, 1992, notamment p. 299-314.

clients de services toujours plus similaires et spectateurs d'images toujours plus identiques [26]. Des personnes qui habitent dans des villages reculés de pays du tiers monde peuvent aujourd'hui recevoir dans l'intimité de leur foyer les messages et les images des riches cultures consuméristes de l'Occident, autrement dit les contenus transmis de façon privilégiée par la télévision mondiale, ainsi que par la radio, le satellite et tous les autres systèmes d'information omniprésents qui rattachent ceux qui se trouvent dans l'ancienne périphérie aux nouveaux réseaux mondiaux. Les jeans et les baskets, qui constituent l'uniforme des jeunes dans la culture populaire occidentale, sont tout aussi omniprésents en Asie du Sud-Est qu'aux États-Unis et au Royaume-Uni, non seulement parce qu'ils sont bien souvent fabriqués à Taïwan, à Hong Kong ou en Corée du Sud pour être vendus à Londres, New York, Los Angeles, Paris ou Rome, mais aussi en raison de la progression de la promotion à l'échelle mondiale des représentations de la culture consumériste de la jeunesse occidentale. Il devient difficile, dans ces conditions, de considérer que la cuisine indienne est l'expression de traditions « ethniques » authentiques du sous-continent de l'Asie du Sud. Il y a en effet au moins deux restaurants indiens dans la rue principale de toutes les villes et de tous les villages de Grande-Bretagne. Dans les quartiers de l'East End, de Tower Hamlets ou de l'Isle of Dogs à Londres, par exemple, « aller se faire un curry » est l'échauffement préféré des skinheads du National Front

---

**26.** Voir Mike Featherstone (dir.), *Global Culture: Nationalism, Globalism, and Modernity*, Londres, Sage, 1990.

avant de passer la soirée à casser de jeunes Bangladais pour se divertir – cette combinaison est aujourd'hui aussi « anglaise » qu'une tasse de thé.

Par-delà ces exemples du postmoderne mondial, l'homogénéisation culturelle est très rapidement devenue le récit orthodoxe de la mondialisation en tant que stratégie transnationale. Puisqu'il intègre manifestement une géométrie du pouvoir – pour reprendre l'image de Doreen Massey, il est plus facile de « manger ethnique » à Los Angeles qu'à Calcutta –, c'est un récit qui me semble particulièrement séduisant pour les intellectuels critiques de l'Occident. Il y a, à n'en pas douter, une grande part de vérité dans ce récit. Néanmoins, il s'agit selon moi d'une description unilatérale de l'exploitation culturelle – un conte bien fait pour effrayer les enfants. Permettez-moi d'essayer de formuler, en toute simplicité, ce qui me paraît erroné dans cette façon de conceptualiser les effets de la mondialisation, et ce qui, par extension, me paraît erroné dans la conception tout aussi homogénéisante et essentialisante de l'« ethnicité » qui, par sa présence-absence dans ce discours de déploration, renforce le récit de l'homogénéité culturelle, dont elle représente le reflet inversé.

Si l'on peut contester la validité de cette thèse, c'est, premièrement, parce qu'à côté de la tendance à l'homogénéisation, l'aspect le plus frappant des nouvelles formes de mondialisation est l'apparente prolifération de toutes sortes de différences. Seules certaines de ces évolutions sont effectivement en lien avec le marché mondial. Celui-ci, de toute façon, fonctionne en exploitant les diasporas autant qu'en les régulant ; il utilise diverses formes de marketing de niche d'une manière telle que l'exploitation d'avantages marginaux produit des effets variables, que le capital ne contrôle que partiellement. Ce que le *topos* de l'homogénéisation culturelle perd de vue, c'est que le mouvement du capital mondial s'accompagne de la renaissance et du retour inattendus de nouvelles formes d'identifications locales, de nouvelles formes d'attachements symboliques aux connotations associées aux lieux et à la spécificité culturelle, ainsi que de nouvelles formations discursives du traditionnel. Et même s'agissant des goûts et des styles qui se diffusent sur de vastes étendues intégrées par les nouvelles technologies mondiales et qui relient les différents espaces et temps de la rotation des capitaux dans la production, on a pu observer l'émergence d'un nouveau « tribalisme » symbolique, pour reprendre l'expression d'Alberto Melucci, parallèlement au processus d'homogénéisation par la consommation de Coca-Cola, de Big Mac, de Nike et des programmes de CNN partout dans le monde[27]. Comment interpréter le « style » urbain ou la *« street cred »*, ainsi que la notoriété à l'échelle mondiale de noms de lieux comme Bed-Stuy, Brixton ou Trenchtown mis en circulation par les nouvelles musiques du monde que sont le rap et le reggae, sinon comme autant de marqueurs de la localité, avec des connotations renvoyant à une inscription en un lieu, constituant une réponse aux forces de l'homogénéisation ? De semblables cas d'insistance sur le local peuvent

27. Alberto Melucci, *Nomads of the Present: Social Movements and Individual Needs in Contemporary Society*, Londres, Hutchinson Radius, 1989.

également être observés dans diverses formes de la culture populaire au Japon et en Asie du Sud-Est.

Il faut bien sûr distinguer les formes de différence qui sont attachées au marché capitaliste et réinvesties par lui et d'autres formes de marquage de la différence culturelle qui représentent des fissures, des ruptures ou des lignes de faille dans le système culturel avec lequel le marché doit négocier. Le fait qu'il y a négociation signifie que nous n'avons pas affaire ici à une absolue différence. Mais où tracer une ligne de partage dans le rap ou le reggae entre les différences réinvesties par le marché et les différences qui signifient des ruptures sociales ? Assurément, les nouveaux localismes qui émergent avec la prolifération de la différence ne sont pas simplement une répétition des attachements primordiaux et homogénéisants que les noms de lieux ont pu signifier par le passé ; ils fonctionnent bien plutôt, ainsi que l'a soutenu Kevin Robbins, comme un nouveau type de « local » qui acquiert une signification spécifique par son fonctionnement au sein d'un *topos* culturel mondialisé plus vaste[28]. Des localismes comme celui de « Bed-Stuy » indique qu'un mouvement de reconfiguration de l'ethnicité est engagé. Ce mouvement témoigne de l'émergence de nouvelles formes d'identité culturelle plus lâches, plus poreuses, plus ouvertes et toujours davantage hybridées, qui sont ainsi le site non du triomphe unilatéral du postmoderne mondial, mais de quelque chose de plus

---

28. Kevin Robbins, « Tradition and Translation: National Culture in Its Global Context », *in* J. Corner et S. Harvey (dir.), *Enterprise and Heritage: Crosscurrents of National Culture*, Londres, Routledge, 1991, p. 21-44.

difficilement saisissable, de plus complexe, de plus situé historiquement, à savoir de nouvelles articulations entre « le local » et « le mondial », qui ne peuvent être représentées dans les termes de l'appartenance nationale et des cultures nationales, comme nous aurions pu être tentés de le faire autrefois. La prolifération de telles différenciations culturelles nous confronte à des articulations des différences et des similarités qui ne peuvent plus être intégrées dans un cadre culturel, discursif et politique unique ; ces nouvelles formes d'articulation du local et du mondial ne peuvent être réunies, pour ainsi dire, sous un même toit, celui d'une unique identité, elles ne peuvent se superposer en un même espace. La propagation et la prolifération de telles différences culturelles produisent quelque chose de plus composite, fragmenté et discontinu, et de moins suturé, que tout ce que nous avons connu jusqu'alors. Elles induisent des articulations souvent contradictoires à travers les espaces, les temps et les discours, qui produisent des points d'identification culturelle complexes – des positionnalités qui tendent à se disloquer plutôt qu'à résonner les uns avec les autres. Ces évolutions et ces tendances ont néanmoins une importance décisive pour notre sujet car c'est ainsi que, dans notre monde, la « différence » est toujours davantage effectivement produite et négociée. C'est précisément à partir de ce type de foyers de différence hybridés et incomplets que de nouvelles identités émergent en nombre. La production de nouveaux points d'identification – en même temps que le retour à d'anciens points d'identification et leur renaissance, question sur laquelle je reviendrai bientôt – est ainsi une clé de l'émergence de ce que nous pourrions appeler la « reconfiguration de l'ethnicité dans le cadre du postmoderne mondial ».

Une seconde objection au récit de l'homogénéisation culturelle découle de la façon dont cette histoire, avec son oscillation fondamentale entre les pôles binaires de la « tradition » et de la « modernité », sans parler des vieux amis d'Antonio Gramsci que sont le « pessimisme de l'intelligence » et l'« optimisme de la volonté », reprend les postulats du grand récit des Lumières. Libéralisme et marxisme – qui étaient l'un et l'autre, chacun à sa manière, des grands récits des Lumières en ceci qu'ils cherchaient à faire le récit du progrès de l'humanité – nous ont incités à présupposer que les liens de l'attachement symbolique au lieu, à la tribu, à la localité, à la religion et au paysage seraient implacablement balayés par le déploiement de la modernité capitaliste et par la marchandisation, la rationalisation et donc l'homogénéisation de toutes choses qu'elle implique. La logique du capital selon le marxisme et la poussée en direction de la sécularisation et de l'universalisme du libéralisme sont, en ce sens du moins, des discours non pas antithétiques, mais qui se reflètent l'un l'autre.

De mon point de vue, les récits que le libéralisme aussi bien que le marxisme ont proposé de l'histoire de la modernité sont unilatéraux et incomplets. La modernité capitaliste s'est toujours développée autant par la production et la négociation de la différence que par l'imposition de l'uniformisation, de la standardisation et de l'homogénéisation. Ceux qui ont quelque connaissance de la modernité capitaliste dans la périphérie ne peuvent manquer de savoir qu'en Amérique latine et en Afrique – avec leurs économies intérieures dépendantes et leurs secteurs néocoloniaux ou d'exportation intégrés au marché mondial dans une position dominée –, c'est l'exploitation de la différence – la valorisation des différentiels, et non la standardisation des variables économiques – qui fait avancer de façon implacable l'histoire de la modernité capitaliste. Ceci vaut également pour la combinaison qui existait encore récemment en Afrique du Sud de territoires tribaux, de camps de travail pour migrants et d'habitat ségrégué. Et il s'agissait aussi bien sûr d'un des soubassements de l'esclavage lui-même dans le Nouveau Monde, les Amériques et les Caraïbes, où le travail non libre et forcé existe dans une relation différentielle qui est au fondement du prétendu libre marché de l'économie capitaliste mondiale. Aussi bien à la périphérie qu'au centre du système, nous observons que les différences ont été genrées, sexualisées et « classées », ainsi qu'ethnicisées et racialisées, et qu'il s'agit là d'une condition du fonctionnement du marché mondial.

Au regard de ces articulations complexes, qui concernent les configurations aussi bien passées que présentes de la modernité occidentale, il y a lieu de suspecter l'existence d'un certain degré de collusion entre les différentes identités connectées notamment par les échanges marchands. Il est vrai que la mondialisation, des origines jusqu'à la modernité tardive, est un processus composite et inégal, dont les effets diffèrent considérablement selon les lieux et les couches de la société concernés. Le voyageur sur son chameau traversant le désert d'Arabie d'oasis en oasis et le dirigeant d'entreprise qui passe dans le ciel au-dessus de lui sans le savoir, assis dans la classe affaires d'un Jumbo Jet reliant Djeddah à Tokyo, sont l'un et l'autre des « nomades » postmodernes au sens où ils occupent tous les deux des trajectoires spatio-temporelles très distinctes. Néanmoins, le fait est que, depuis les débuts de l'aventure euro-impériale, les temps et les espaces mondiaux n'ont jamais coexisté pacifiquement, mais qu'ils ont été brutalement tronqués et condensés dans ce chronotope englobant, dominant, abstrait et impérialiste, qu'est le temps de l'Occident. Les sociétés de la périphérie n'ont jamais été les arrière-pays que l'on a dépeints, elles ont toujours été ouvertes aux influences culturelles occidentales, et inversement. L'idée que les périphéries coloniales sont des espaces fermés, ethniquement purs, attachés à des traditions culturelles et perpétuellement préservés de toute perturbation dans ce que Claude Lévi-Strauss a appelé les « anciennes zones de l'histoire jusqu'à hier », n'est qu'un fantasme concernant l'autre, un fantasme colonial entretenu à propos de la périphérie par l'Occident, qui apprécie que ses autochtones soient purs, ses plages vides et ses lieux exotiques lointains et préservés de toute intervention humaine[29].

Il existe un autre effet déterminant de la représentation du processus de mondialisation selon le schéma

29. La source de cette citation n'a pas pu être identifiée. Il est probable qu'il s'agit d'une reformulation par Stuart Hall du propos de Claude Lévi-Strauss. La critique par Claude Lévi-Strauss du point de vue ethnocentrique selon lequel les sociétés précoloniales sont « hors de l'histoire » est développée dans *Race et Histoire*, Paris, Unesco, 1952.

d'une opposition statique entre deux objets de discours essentialisés – leur « arriération » et notre « avancement » moderne mondialisé. Selon cette approche, la reconfiguration symbolique de l'ethnicité que l'on observe aujourd'hui est tendanciellement interprétée comme s'il s'agissait nécessairement d'une forme de fondamentalisme, d'un refus de la modernité, ce qui en fait, par définition, quelque chose de régressif, d'archaïque et d'atavique. J'évoquerai à nouveau cette manière d'envisager le retour de l'ethnicité quand je discuterai de la catégorie de « nation », dans ma troisième conférence. Néanmoins, dans la mesure où cette opposition binaire entre « l'arriéré » et « l'avancé » est incorporée dans les discours du sens commun de la tradition et de la modernité, on peine à croire que les nouvelles formes d'identité culturelle et d'identification qui émergent avec les formes actuelles de la mondialisation puissent également constituer des sites de résistance majeurs.

Ce dernier point me conduit à une troisième objection au récit de la mondialisation-comme-homogénéisation : ce récit non seulement est dans l'incapacité de soutenir une politique de résistance, mais il ne peut pas non plus rendre compte de la production des nouvelles identités qui émergent dans le cadre de la modernité tardive. Il suffit de penser au rôle joué dans les luttes pour la libération nationale et la décolonisation par l'idée d'un peuple et d'une culture qui précèdent la colonisation (quand bien même cette idée fonctionnait comme un mythe fondateur, une fiction nécessaire) – ou encore au rôle que l'invocation symbolique de l'« Afrique » a joué dans le nouveau récit de l'histoire qui a conduit dans les années 1960 et 1970 au mouvement pour les droits civiques aux États-Unis et à la révolution culturelle, qui a transformé les Antilles britanniques en un espace « noir » pour la première fois depuis l'esclavage – pour réaliser que ce à quoi nous sommes confrontés avec l'histoire du XX$^{e}$ siècle est la *production de nouveaux sujets* et non simplement le retour de sujets anciens. Pour comprendre que ce qui est en jeu avec le retour de l'ethnicité aujourd'hui, c'est la production d'identités et d'identifications, plutôt que le dévoilement d'essences naturelles, on peut également se rappeler comment une certaine idée de l'« Afrique » – non en tant que lieu situé sur une carte, mais en tant que pays de l'esprit – a à elle seule permis aux jeunes enfants de la seconde génération de migrants des Caraïbes de survivre à la vie qui était la leur dans les années 1970 au Royaume-Uni. Ce sont des formes culturelles comme la technologie musicale du studio d'enregistrement, le *sound system* et le disque vinyle, tout autant que les langues métaphoriques du rastafarisme, qui leur ont permis non pas seulement de survivre, mais aussi d'acquérir l'estime de soi, le centrement symbolique et cette manière propre de styliser leurs corps qui caractérisaient leurs nouvelles façons d'être – ou plutôt de « devenir » – noirs dans l'histoire de la Grande-Bretagne multiculturelle de l'après-guerre.

Le point de vue selon lequel l'une ou l'autre de ces nouvelles formes d'ethnicité, hautement complexes et variées, que ce soit dans l'Amérique africaine, la Grande-Bretagne noire ou les Caraïbes, pourrait être comprise, décryptée ou élucidée par l'affirmation qu'il ne s'agit que d'un retour à l'« arriération » est tout simplement risible. Il est beaucoup plus aisé et convaincant de soutenir que ce qui est à l'œuvre dans un tel phénomène est précisément le dédoublement – la face de Janus – de l'ethnicité à une époque mondialisée, ce qui nous contraint à tourner notre attention vers les effets discursifs de la dualité, de l'inversion et du transcodage qui sont ses caractéristiques symboliques et culturelles distinctives. Surtout, ce à quoi nous confrontent ces nouvelles ethnicités, c'est à un « détour » symbolique par le passé pour atteindre le présent, détour qui signale le site d'un investissement collectif dans le futur depuis ces expériences difficiles, et plus vernaculaires, de la modernité. Comment serait-il possible autrement de comprendre le fait que les variantes de l'identité culturelle noire présentes en Grande-Bretagne aujourd'hui, dont j'ai esquissé la généalogie au début de mon propos, sont, en tant qu'objets de pratiques matérielles et symboliques d'oppression raciale, à la fois le site d'une marginalisation et d'une exclusion continuées, *mais également* les signifiants d'une nouvelle forme de modernité ethnicisée, en passe de constituer la pointe avancée d'une nouvelle iconographie et d'une nouvelle sémiotique, lesquelles sont en train de redéfinir « le moderne » lui-même ?

Il me faudra revenir sur ces formes modernes tardives de reconfiguration de l'ethnicité qui se présentent bien, en effet, comme la restauration d'origines perdues, comme la reproduction d'une culture originaire, comme la simple répétition du même, et qui toutes ont à voir avec l'ethnicité comme forme d'absolutisme ou de fondamentalisme culturel. Mais je veux insister ici sur la tension contradictoire par laquelle, à travers une forme particulière et distincte de marquage de la différence culturelle, des peuples historiquement marginalisés et opprimés exploitent aussi la prolifération mondiale de la différence *pour se produire eux-mêmes en tant que nouveaux sujets* émergeant grâce à un détour symbolique qui reprend de façon critique le passé discursivement construit. Par là, ces peuples entrent dans notre moment contemporain à travers une certaine forme de ré-ethnicisation de la politique culturelle de la différence.

# Nations et diasporas 3

J'ai précédemment évoqué le sol contradictoire qui émerge actuellement comme terrain contemporain du conflit culturel, sous l'effet cumulé de la mondialisation, des migrations mondiales et de l'inégale multiculturalisation de la vie quotidienne qui s'ensuit. C'est là le « retour de l'ethnicité » en tant que signifiant glissant et ambivalent dans la politique culturelle de la différence qui caractérise notre modernité tardive, notre époque mondialisée. À contre-courant de l'opinion dominante, j'ai évoqué quelques-unes des formes et des effets positifs qui ont découlé de la rupture décisive avec l'universalisme des Lumières, et j'ai ainsi souligné comment cette rupture a permis la revalorisation de la différence au sein des mouvements sociaux. Mais plutôt que de me contenter de reconnaître la transvaluation des signifiants de la différence, et plutôt que de simplement traduire le signifiant « ethnicité » pour le faire passer du pôle négatif au pôle positif, je voudrais à présent revenir sur ce terme pour le déstabiliser un peu plus, de façon à en faire ressortir les traits contradictoires et à déconstruire ainsi ce qui fait pour certains sa séduction désarmante. C'est ce à quoi je vais m'employer en introduisant un troisième terme : le discours de la « nation », lequel entretient une relation complexe et ambivalente tant à la race qu'à l'ethnicité. C'est cette relation que je vais retracer brièvement, sans prétendre à l'exhaustivité. Pour reprendre l'argument que j'ai développé précédemment, la raison pour laquelle il est problématique de simplement substituer les termes de « culture » et de « différence culturelle » à ceux de « race » et de « différence raciale » dans l'espoir de faire échec au signifiant biologisé, qui continue de maintenir en place les diverses significations et les divers discours de la race, est que le signifiant de la différence culturelle – l'« ethnicité » – est lui-même un Janus, qu'il est contradictoire, suturé, recousu, et par conséquent toujours vulnérable au glissement de la culture à la nature.

Mais avant toute chose, il me faut montrer clairement l'importance de cette question de la différence culturelle, et dire un mot de la nature du tournant discursif qui me paraît être intervenu dans la phase la plus récente de la mondialisation. Si la différence culturelle importe, c'est que, de mon point de vue, tout le monde a une ethnicité, au sens le plus large du terme. Celle-ci fait partie intégrante de notre identité, au même titre que notre sexualité ou notre nationalité. Les signifiants de la différence culturelle – la langue, l'histoire, les valeurs, les croyances, les coutumes, les rituels, les traditions et les mondes de signification – constituent tous des éléments clés dans les discours par lesquels l'identification est constituée, transformée et contestée. Je parle ici du processus d'*identification*, de l'émergence de positions identitaires, et non de l'identité comme essence fixe, parce que l'identification n'est, en ce sens, jamais achevée, mais toujours en cours. Et justement pour cette raison, ces processus d'identification sont constamment pris dans les marqueurs mouvants de la différence et remodelés par eux, ainsi que par notre investissement subjectif variable dans les positionnalités dans lesquelles nous sommes interpellés. Ainsi, en ce sens, l'identité n'est précisément *pas* figée par la simple répétition à travers le temps d'une essence originaire, ou par la réalisation téléologique de quelque « vrai moi » intime et son accession à une fin qui le reconduirait à l'identique ou serait connue d'avance.

L'identité ne peut absolument pas être une essence figée, comme si elle reposait, inchangée, hors de l'histoire et de la culture, et ce pour une raison principale : l'identité n'est pas donnée une fois pour toutes par le biais des gènes qui déterminent la couleur de notre peau ; elle est modelée et transformée historiquement et culturellement. C'est en cela que consiste la dimension discursive de l'identité, à laquelle je ne cesse de revenir tout au long de mon propos. L'identité n'est pas une origine fixe, à laquelle nous serions attachés par le harnais de la tradition ; elle n'est pas non plus une origine à laquelle nous pourrions revenir de façon définitive et absolue. Pour autant, il ne s'ensuit pas que nous devrions remplacer la conception cartésienne du sujet par le sujet « nomade », flottant librement, que mettent en avant certains alternatives postmodernes[1]. L'identité culturelle est toujours particulière, elle repose toujours sur le marquage de similitudes et de différences, et c'est ce qu'il me paraît essentiel de souligner, car c'est ce processus de marquage discursif qui donne à toute identité culturelle ses histoires et ses langages. Qui plus est, ces conditions de l'identification ont toujours des effets réels, matériels et symboliques.

Sans ces histoires particulières, l'identité ne disposerait pas des ressources symboliques nécessaires pour se reconstruire. Sans ces divers langages, l'identité serait privée de la capacité d'énonciation : il lui serait impossible de parler et d'agir dans le monde. Se situer au sein d'une langue, c'est assumer son champ de significations interdiscursives. Et étant donné que toutes les identités doivent marquer de façon nette leur similitude et leur différence vis-à-vis de quelque chose d'autre – dans la mesure où toute signification est relationnelle et positionnelle –, toute identité, aussi provisoire que soit son affirmation de soi, doit avoir un « autre » symbolique qui définit son extérieur constitutif. La différence ne dépend pas de l'existence réelle ou non de cet autre auquel nos identités se rapportent; elle résulte plutôt du fait que, dans certains cas, la représentation de cette différence, de cette relation aux autres, est figée et dégradée, de telle sorte qu'elle devient l'objet d'une violence symbolique

1. Les conceptions cartésiennes de l'identité sont discutées dans Stuart Hall, « The Question of Cultural Identity », *in* S. Hall, D. Held et T. Mc Grew (dir.), *Modernity and Its Futures*, Oxford, Polity, 1992, p. 281-291 ; les « nomades » sont évoqués dans Gilles Deleuze et Félix Guattari, *Mille Plateaux. Capitalisme et schizophrénie 2*, Paris, Minuit, 1980.

(comme par exemple dans les relations de pouvoir de la dialectique hégélienne du maître et de l'esclave) et que, dans d'autres cas, au contraire, l'inscription discursive de la différence est capable d'établir avec les autres une relation dialogique à l'altérité qui, dans un cadre plus bakhtinien ou lévinassien, ne se fige ni ne se finalise jamais, mais est toujours un processus en cours[2].

Prendre ainsi en considération les conditions historiques qui façonnent l'identité revient à dire que le passé continue à nous parler, à parler en nous et à travers nous, même si ses voix sont multiples et même s'il a donc toujours le caractère discursif de ce que Bakhtine appelle le « multiaccentuel », comme c'est le cas de toute signification, dans la mesure où ce caractère définit le terrain même de la culture. Sans le passé, nous ne serions pas capables de produire des énonciations, car toute énonciation suppose de se positionner au sein de la langue et ainsi de faire sienne la fiction que l'on possède une identité finie. Mais ce passé, bien qu'il soit formateur – bien qu'il donne à chaque énonciation, à chaque identité positionnelle sa particularité historique et culturelle – ne peut nous interpeller ou nous façonner comme un passé simple, originaire, factuel, qui *garantirait* que notre identité reste la même, toujours identique à elle-même. Loin de constituer une garantie, on pourrait dire que notre

2. Mikhail Bakhtine traite de l'éthique dans *Art and Answerability: Early Philosophical Essays*, trad. angl. V. Liapunov et K. Brostrom, Austin, University of Texas Press, 1990 ; et dans *Speech Genres and Other Late Essays*, trad. angl. V. McGee, Austin, University of Texas Press, 1986. Le « visage de l'autre » est discuté dans Emmanuel Levinas, *Totalité et Infini. Essai sur l'extériorité*, Paris, Le Livre de Poche, 1991.

relation au passé, en tant qu'elle marque les positions depuis lesquelles nous parlons, est analogue à la relation d'un enfant à sa mère : ce à quoi le sujet se rapporte, c'est à la conception imaginaire de l'origine comme plénitude, à un passé dont la plénitude et la complétude sont toujours postulées – pour reprendre le vocabulaire lacanien – « après la rupture », *dans* les termes de la culture, *dans* le langage du symbolique. C'est pourquoi notre relation à l'origine est toujours quelque chose qui doit être *dit* ; c'est pourquoi le « passé » ne nous devient accessible que dans la mesure où il fait l'objet d'une *narration*, et c'est aussi pourquoi cette narration est elle-même toujours pour une part construite à travers la mémoire, le désir, le fantasme et le mythe. Ainsi, les identités culturelles ne sont pas fixées par un quelconque « retour à l'origine » réel, mais plutôt par les points d'identification ou de suture produits au sein des discours de l'histoire et de la culture, étant donné que le positionnement du sujet par rapport à sa perception du passé est toujours une question discursive. Comme je l'ai formulé dans un autre essai, l'identité n'est pas une question d'essence mais de positionnement, de sorte qu'il y a toujours une politique de l'identité, une politique de la position et de la positionnalité qui découle de « la fin de la conception innocente du sujet noir essentiel » et de la disparition de toute garantie assurée par une loi de l'origine non problématique et transcendante[3]. Si je

3. Stuart Hall, « Nouvelles ethnicités », *Identités et Cultures. Politiques des* cultural studies, trad. fr. C. Jaquet, Paris, Amsterdam, 2017. Les approches psychanalytiques de l'identification sont discutées dans Stuart Hall, « Fantasy, Identity, Politics », *in* E. Carter, J. Donald et J. Squires (dir.),

soutiens que les identités culturelles sont importantes, ce n'est donc pas parce qu'elles nous fixeraient à une place d'un point de vue politique, mais parce qu'*elles sont ce qui est en jeu* dans la politique de la culture, parce qu'elles sont littéralement ce qu'on y gagne ou ce qu'on y perd.

Quant au déplacement du concept d'ethnicité que j'ai tenté de schématiser précédemment, on pourrait réitérer l'argument en disant, pour faire simple, que ce qui est en jeu, c'est le passage de l'identité à l'identification, soit d'une compréhension de l'identité comme quelque chose de défini par des attributs donnés à une conception discursive du sujet en tant qu'il est positionné par divers ensembles de discours, au sein desquels il se repositionne lui-même. Auparavant, la « différence » était l'effet des discours occidentaux sur l'altérité, l'aboutissement d'une dialectique de production de l'altérité dans le cadre d'histoires coloniales dont Frantz Fanon, Edward Said, Sander Gilman, Gayatri Spivak, Homi Bhabha et les critiques postcoloniaux nous ont tant appris[4]. L'effet des diverses

---

*Cultural Remix: Theories of Politics and the Popular*, Londres, Lawrence & Wishart, 1995, p. 63-69.

4. Frantz Fanon, *Peau noire, masques blancs*, Paris, Le Seuil, 2015 ; Frantz Fanon, *Les Damnés de la terre*, Paris, La Découverte, 2004 ; Frantz Fanon, *L'An V de la révolution algérienne*, Paris, La Découverte, 2011 ; Edward Said, *L'Orientalisme. L'Orient créé par l'Occident*, trad. fr. C. Malamoud, Le Seuil, 2003 ; Edward Said, *L'Islam dans les médias. Comment les médias et les experts façonnent notre regard sur le reste du monde*, Arles, Actes Sud, trad. fr. C. Woillez, 2011 ; Edward Said, *Culture et Impérialisme*, Paris, Fayard/Le Monde Diplomatique, trad. fr. P. Chemla, 2000 ; Gayatri C. Spivak, *En d'autres mondes, en d'autres mots. Essais de politique culturelle*, trad. fr. F. Bouillot, Paris, Payot, 2009 ; Sander Gilman, *Difference and Madness*, Ithaca, Cornell University Press, 1985 ; Homi Bhabha, *Les Lieux de la culture*, trad. fr. F. Bouillot, Paris, Payot, 2007.

formes de production de l'altérité a été de définir les multiples sortes de différences réparties de façon complexe parmi les peuples du globe de façon à les faire entrer dans un ordre de représentation binaire qui les a réduites, condensées et polarisées discursivement. Cette opération de réduction a créé une frontière symbolique simpliste et infranchissable, et elle a essentialisé toutes les formes de différence sur le mode d'une opposition entre « eux » et « nous » opérant à travers la dialectique de l'altérité. Quant à nous, nous avons hérité de ce système de représentation l'idée d'une opposition entre la « civilisation » et les « barbares », ce qui impliquait une identification négative ou réactive pour tous ceux qui se trouvaient exclus par cette opération. Mais la reconfiguration de l'ethnicité intervenue à la fin du XX^e^ siècle signifie que la différence ainsi constituée en est venue à être transcodée et activement reprise comme point d'identification positif ou affirmatif parmi les opprimés et les exclus. Ainsi, la différence est devenue le site d'une contestation culturelle et un enjeu de la politique de la culture au niveau mondial.

S'il est crucial de comprendre le travail du discursif, c'est parce qu'il est la forme que prend le terrain du politique dans le cadre mondialisé qui est le nôtre. Ce qui est en train de se jouer n'est pas une rupture pure et simple avec le système, il ne s'agit pas d'en sortir pour découvrir son opposé absolu : il s'agit plutôt d'un déplacement produit par le transcodage, le renversement et la réarticulation des termes de ce système discursif, qui a transformé les oppositions binaires entre « l'Ouest » et « le reste » en un tissu de différences multiaccentuelles. Ce déplacement est historique, car il prend la forme d'une lutte concernant la construction et la reconstruction de la *différance*. En orthographiant ce terme à la française (ce qui n'est pas du tout une coquetterie théorique, mais manifeste ce pourquoi je ne cesse de me référer à Derrida), je veux souligner que la déconstruction relève aussi, d'un point de vue philosophique, de la critique post-Lumières du discours de l'identité. Avec sa critique de la « métaphysique de la présence », Derrida conteste toute conception de l'essence comme quelque chose d'identique à soi et de pleinement présent à soi. Dans ce cadre – et là je dois le citer littéralement –, la *différance* signifie

> le mouvement selon lequel la langue, ou tout code, tout système de renvois en général se constitue « historiquement » comme tissu de différences. [...] La différance, c'est ce qui fait que le mouvement de la signification n'est possible que si chaque élément dit « présent », apparaissant sur la scène de la présence, se rapporte à autre chose que lui-même, gardant en lui la marque de l'élément passé et se laissant déjà creuser par la marque de son rapport à l'élément futur, la trace ne se rapportant pas moins à ce qu'on appelle le futur qu'à ce qu'on appelle le passé [...] pour y voir non pas s'effacer l'opposition mais s'annoncer une nécessité telle que l'un des termes y apparaisse comme la différance de l'autre, comme l'autre différé dans l'économie du même[5].

C'est cette explication du mouvement de la signification que, dans mon essai intitulé « Identité culturelle et diaspora », j'ai traduite dans la politique de la différence

5. Jacques Derrida, *Marges de la philosophie*, Paris, Minuit, 1972, p. 12-13 et 18.

culturelle, en tant qu'elle est fondée sur les discours de la race et de l'ethnicité, et que j'ai appelée le « jeu » de l'identité à travers la différence. Et c'est encore à cette dynamique que se réfère Paul Gilroy lorsque, dans son remarquable livre sur l'expérience de la diaspora noire, il parle du « même changeant[6] ».

Dans un instant, je suggérerai cependant que ce n'est pas l'unique forme sous laquelle la différence a réapparu et s'est réaffirmée dans cette époque mondialisée. En effet, dans la phase de mondialisation que nous connaissons actuellement, nous voyons souvent apparaître la différence culturelle – parfois aussi appelée ethnicité – à la fois sous ses formes restreintes, unifiées, fermées, absolutistes, défensives et essentialistes, *et* comme « tissu de différences » plus lâche, plus perméable et poreux. Le jeu entre différence et *différance*, c'est-à-dire la contradiction *au sein* de la signification même de la différence plutôt que, comme c'était le cas auparavant, la polarisation figée entre « eux et nous » qui opposait « leur différence » (par quoi on entendait le nationalisme) à « notre identité » (par quoi on entendait la modernité), est la façon dont la politique de l'identité culturelle se joue à présent au niveau mondial. Il est donc essentiel à ma démonstration de la double syntaxe qui travaille aujourd'hui la politique de la culture de mettre au premier plan la nation dans la chaîne discursive qu'elle forme avec la race et l'ethnicité.

6. Stuart Hall, « Identité culturelle et diaspora », *Identités et Cultures, op. cit.* ; voir Paul Gilroy, « "Sounds Authentic": Black Music, Ethnicity, and the Challenge of a "changing same" », *Black Music Research Journal*, n° 2, automne 1991, 111-136 ; Paul Gilroy, *L'Atlantique noir. Modernité et double conscience*, trad. fr. C. Nordmann, Paris, Amsterdam, 2017, p. 138-194.

### *Où* va la nation ?

Dans le monde moderne, les cultures nationales ont constitué une source puissante pour l'identité culturelle et politique. Ernest Gellner disait ainsi qu'il « semble que l'idée d'un homme sans nation dépasse les limites de l'imagination d'un contemporain. [...] Un homme doit avoir une nationalité, comme il doit avoir un nez et deux oreilles [Quant aux femmes, je suppose qu'elles n'ont besoin ni de l'une, ni des autres. S. H.]. [...] Tout cela semble évident, même si, hélas, ce n'est pas vrai. Mais que cela en arrive à *sembler* si évidemment vrai est un aspect ou peut-être le cœur même du problème du nationalisme[7]. » Les cultures nationales ont en ce sens une forme clairement moderne, et les États-nations occidentaux ont dominé l'histoire économique et politique de la modernité. Néanmoins, je dois également souligner qu'en nous efforçant de formuler une définition préliminaire s'agissant des nations, nous retombons déjà sur un élément contradictoire de l'histoire de la modernité. À un certain niveau, le capitalisme s'est, depuis le départ, déployé à travers la mise en place de flux transnationaux de capital, de commerce, de biens, de matières premières et de profits. Mais, rappelant l'argument de ma deuxième conférence, selon lequel la modernité capitaliste a fonctionné autant à travers la prolifération de différences qu'à travers l'homogénéisation du monde, je soulignerai combien il est essentiel de reconnaître que ces flux ont jusqu'à récemment été puissamment organisés

7. Ernest Gellner, *Nations et Nationalisme*, trad. fr. B. Pineau, Payot, 1989, p. 17-18.

par et entretenus au sein des formations typiques de l'État-nation, lesquelles ont donné naissance aux notions communes d'« économie nationale » et de « culture nationale ». C'est le paradoxe de la modernité capitaliste tel que l'a relevé Immanuel Wallerstein : « Au moment même où sont créées des cultures nationales, celles-ci se délogent les unes les autres, de sorte que ces flux (entre et à travers les frontières nationales) dissolvent les distinctions nationales[8]. »

Gellner lui-même considère sans aucun doute ces formations nationales comme des moteurs de la modernité. Il soutient ainsi que non seulement les cultures nationales de l'État-nation occidental moderne ont contribué à constituer des normes d'alphabétisation universelle et à imposer l'usage d'une langue vernaculaire unique à travers toute la nation, mais qu'elles ont également défait l'emprise de l'Église, créant ainsi une culture laïque homogène en Occident – la réalisation de cette homogénéité étant considérée comme cruciale à la pérennité des institutions culturelles nationales. Plus significatif encore : les allégeances et les identifications qui, à l'époque prémoderne, liaient les gens à une tribu, à des personnes, à une religion ou à une région ont progressivement été transférées, dans les sociétés occidentales, à la culture nationale. De ce point de vue, d'autres différences ont bien pu subsister au niveau local,

8. Immanuel Wallerstein, « The National and the Universal: Can There Be Such a Thing as World Culture? », *in* A. King (dir.), *Culture, Globalization, and the World-System: Contemporary Conditions for the Representation of Identity*, Londres, Macmillan, 1991, p. 19.

mais elles ont été graduellement subsumées sous ce que Gellner appelle le « toit politique » de l'État-nation. La construction historique de la nation constitue ainsi l'une des sources majeures de signification pour les identités culturelles modernes – même s'il est à noter que Gellner paraît n'avoir jamais entendu parler de la race, une notion ostensiblement absente de sa description–[9].

Mais en réalité, les nations ne sont pas quelque chose qui émergerait simplement : elles sont formées. Et de même les identités nationales ne sont pas des attributs qui nous seraient donnés dès la naissance : elles sont formées et transformées au sein de discours et d'autres systèmes de représentation. Nous savons ce que signifie être anglais, britannique, américain ou jamaïcain en raison de la façon dont l'« américanité » ou la « britannicité » ont été représentées comme un ensemble de significations partagées à divers moments historiques. Les opérations discursives à l'œuvre dans la constitution des identités culturelles nationales sont bien sûr toujours étroitement articulées aux relations de pouvoir et à la façon dont le pouvoir fonctionne dans la société. Il est important de concevoir la nation non pas uniquement comme une entité politique, mais également comme quelque chose qui produit du sens et construit des identifications. Une nation est toujours une communauté symbolique, et c'est cette dimension qui explique sa « capacité à engendrer de l'identité et de l'allégeance », comme Bill Schwarz l'a formulé dans son travail sur le conservatisme,

9. Ernest Gellner, *Nations et Nationalisme*, *op. cit.*, p. 12.

le nationalisme et l'impérialisme[10]. C'est précisément en ce sens que l'historien Benedict Anderson a soutenu que l'identité nationale est une « communauté imaginée » ou que le grand patriote et raciste britannique Enoch Powell disait que « la vie des nations, autant que celle des hommes, est vécue pour une large part dans l'imagination[11] ».

Ainsi, à partir de la profusion d'évènements passés, le discours nationaliste britannique a construit le récit d'une nation dans lequel des légendes, des images, des paysages et des scénarios, ainsi que des évènements historiques, des symboles et des rituels en sont tous venus à représenter une histoire unifiée capable de contenir les expériences, les malheurs, les chagrins, les divisions, les catastrophes et les triomphes partagés par tous les membres du peuple dans la mesure où ils assument et reçoivent une position au sein de ces discours d'appartenance nationale. C'est cette « histoire » qui donne sa signification à la nation en tant que monde de signification qui construit l'identification précisément parce qu'elle nous aide à nous voir de façon imaginaire comme participant d'une certaine façon à un récit collectif englobant, de sorte que notre existence quotidienne et monotone se retrouve liée à un grand destin national qui nous

---

10. Bill Schwarz, « Conservatism, Nationalism and Imperialism », *in* J. Donald et S. Hall (dir.), *Politics and Ideology: A Reader,* Milton Keynes, Open University, 1986, p. 106.

11. Benedict Anderson, *L'Imaginaire national. Réflexions sur l'origine et l'essor du nationalisme*, trad. fr. P.-E. Dauzat, Paris, La Découverte, 2006 ; Enoch Powell, *Freedom and Reality*, Kingswood, Elliot Right Way, 1969, p. 325.

préexistait et qui perdurera après nous. En ce sens, le récit national projette toujours l'« anglicité » ou l'« américanité » *hors* de la réalité de l'époque, *hors* de ses conflits et de ses discontinuités, *hors* de l'irrégularité et des différences qui constituent la condition actuelle de la nation et des peuples qui font son histoire, et *dans* le registre intemporel du temps mythique. Comme Homi Bhabha l'a souligné, « les origines des nations, comme celles des récits, se perdent dans les mythes du temps et ne réalisent pleinement leur horizon que dans l'esprit de celui qui les envisage[12] ». L'accent mis sur la tradition et l'héritage fait de la continuité un élément clé des histoires construites par les nations modernes : ainsi sont lissées les discontinuités d'une histoire pleine de troubles et de contestation pour donner l'image d'un flux ininterrompu, d'une longue évolution continue, semblable à une croissance organique. Même si, comme l'ont montré Eric Hobsbawm et Terence Ranger, il s'agit là de traditions inventées, « qui paraissent ou prétendent être anciennes, mais sont souvent d'origine tout à fait récente[13] », la mise en avant d'une continuité intemporelle opère discursivement pour traduire les confusions et les échecs de la contingence historique en quelque chose qui devient intelligible dès lors qu'on le replace au sein d'une narration plus vaste, ce qui permet de traduire en triomphes les pires catastrophes, comme nous avons pu le voir

12. Homi Bhabha, « Introduction: Narrating the Nation », *in* H. Bhabha (dir.), *Nations and Narration*, Londres, Routledge, 1990, p. 1.
13. Eric Hobsbawm et Terence Ranger (dir.), *L'Invention de la tradition*, Paris, Amsterdam, 2012.

en Grande-Bretagne avec l'histoire de la Somme, de Dunkerque ou encore des Malouines.

En réalité, ce qui est représenté comme originaire, essentiel et commun à tous au sein de l'identité nationale a toujours été construit *par* la différence et à travers elle, étant donné que les distinctions culturelles de milieu et d'éducation, de classe, d'histoires ethniques et raciales, de genre et de sexualité sont précisément le matériau dont sont faites les identités nationales. Bien que je ne les évoque ici que de façon marginale, les questions de genre et de sexualité sont notamment d'une importance particulière dans la mesure où, contrairement aux conceptions admises, l'identité culturelle a pour condition non seulement les discours de la race et de l'ethnicité, mais également d'autres dimensions de la différence – et en particulier la différence sexuelle. Les mythes de l'anglicité – comme ceux de l'américanité, pour autant que je les comprenne – sont puissamment stabilisés par le genre et la sexualité. Dans le cas britannique, l'identité nationale a été constamment construite à travers les vertus dites caractéristiques d'un certain type d'hommes devenus, pour cette raison, les symboles de l'histoire nationale. Parce qu'elles sont construites autour des vertus « viriles » de la retenue et de l'auto-discipline, les histoires de courage et d'héroïsme national présentes dans les récits de la britannicité sont profondément liées aux valeurs de flegme, de discrétion, de « blindage » émotionnel et de rigidité caractéristiques d'un certain type de masculinité anglaise, et deviennent ainsi représentatives d'une certaine génération et d'une certaine classe. Le caractère genré de l'identité nationale en Grande-Bretagne est par ailleurs intimement lié à la façon dont la nation britannique s'est construite à travers ses relations avec ses « autres » colonisés.

Dans son travail sur le rôle, dans l'imaginaire anglais, de tout ce qui a trait à l'impérial, à partir notamment de l'exemple de la Jamaïque, et sur le rôle de l'autre esclavagisé et colonisé dans la constitution d'une version particulière de la masculinité anglaise blanche au XIX^e siècle (avant le succès des abolitionnistes libéraux en 1832 et l'apparition, dans les années 1860, d'un nouveau type de racisme fondé sur l'idée de « séparation des espèces »), Catherine Hall défend l'idée que les identités britanniques blanches, tant masculines que féminines, se sont constituées de longue date en lien avec le pouvoir impérial et la figure d'autres racisés[14]. Ainsi, non seulement les cultures nationales (en tant que systèmes de représentation) et les identités nationales (en tant qu'ensembles d'identification) sont construites de part en part par des différences de divers ordres, mais l'idée même de nation n'est pas aussi univoquement moderne que le présuppose sa généalogie libérale. Comme le rappelle Timothy Brennan, le mot « nation » se réfère « à la fois à l'État-nation moderne et à quelque chose de plus antique et nébuleux : la *natio*, la communauté locale, le domicile, la famille ou le fait de l'appartenance[15] ». Les identités

---

14. Voir Catherine Hall, « "From Greenland's Icy Mountains… to Afric's Golden Sand": Ethnicity, Race and Nation in Mid-Nineteenth-Century England », *Gender and History*, n° 5, été 1993, p. 212-230.
15. Timothy Brennan, « The National Longing for Form », *in* H. Bhabha (dir.), *Nation and Narration*, Londres, Routledge, 1990, p. 45.

nationales modernes représentent des tentatives pour associer subrepticement ces deux termes de l'équation nationale, pour compléter l'unité *politique* de l'État-nation en lui associant le sous-bassement des valeurs et des significations communes d'une *culture* nationale – ou, pour reprendre la formulation désarmante de Gellner, afin d'« établir une congruence entre la culture et la société politique » et doter ainsi des « cultures assez homogènes, chacune » de son « toit politique[16] ». Cette recherche d'une congruence entre le politique et le culturel était particulièrement importante au XIXe siècle, dans la mesure où elle était liée à la question du droit des peuples à l'autodétermination nationale. Mais elle constituait un point majeur de difficulté culturelle et était le site d'un travail d'ingénierie sociale et culturelle considérable dans les nations plurielles formées de migrants comme les États-Unis, où les cultures que le toit politique de l'État-nation était censé recouvrir n'étaient manifestement pas homogènes du tout, ou du moins ne pouvaient le paraître qu'au prix d'une importante distension et d'un degré non négligeable d'exclusion.

En fait, même les États-nations de l'Europe de l'Ouest, plus homogènes culturellement, étaient eux aussi constitués de cultures disparates, dont les différences régionales multiples ne furent unifiées que par l'hégémonie d'une partie de l'économie nationale sur les autres, ou par un long et violent processus de conquête qui entraîna la répression et la subordination par la force de la différence. C'est ce dont témoigne par exemple la

16. Ernest Gellner, *Nations et Nationalisme*, *op. cit.*, p. 69 et 73.

profonde ambivalence qui se manifeste au Royaume-Uni par les glissements et les variations entre les termes d'« anglais » et de « britannique ». Par rapport à son extérieur impérial constitutif, la nation du Royaume-Uni peut bien être représentée par le signifiant « britannique », mais par rapport à la *natio* collective telle qu'elle est vécue, chacun sait que l'anglicité prévaut, dans la mesure où son hégémonie est entretenue par le pouvoir qu'elle exerce sur les Écossais, les Gallois et les Irlandais. Les Britanniques sont, par définition, issus d'une succession de conquêtes et d'invasions similaires, qu'elles soient celtes, romaines, saxonnes, viking ou normandes. À travers toute l'Europe, l'histoire de la conquête se répète *ad nauseam*. Qui plus est, la plupart des États-nations modernes de l'Europe de l'Ouest soit étaient des centres impériaux, soit contrôlaient des sphères d'influences néo-impériales, et exerçaient à ce titre une hégémonie sur les cultures des colonisés, ce qui vient également troubler la stabilité et la cohérence que cherchent à garantir les mises en récit des États-nations modernes.

Il nous faut par conséquent comprendre que c'est sur un mode discursif que les cultures nationales construisent l'identité collective. Organisés autour du signifiant national, qui a pour fonction de représenter la différence-comme-unité, et de rendre tous ses éléments constitutifs *présents* en tant qu'identité, les États-nations modernes ont des histoires complexes toujours traversées par des différences internes qui ne sont unifiées que par l'exercice d'un pouvoir culturel. Rendre entièrement congruents le politique et le culturel n'est possible – si tant est que cela le soit – qu'à travers un processus toujours inachevé de représentation. La plupart de nos États-nations modernes sont des hybrides culturels : ils sont irrémédiablement abâtardis et diasporisés – même si, jusqu'à récemment, aucun Anglais qui se respecte n'aurait pensé être « ethnique » en quelque sens du terme que ce soit. Au sein d'une telle vision du monde, l'anglicité n'est pas une ethnicité : c'est au contraire la norme par rapport à laquelle, par un angle de déviation, on mesure l'ethnicité. Même les États-Unis – qui pourtant, comme je l'ai soutenu plus haut, ont été obligés de se concevoir comme culturellement et ethniquement pluriels – se sont toujours raconté l'histoire de « l'ethnicité plus un », pour reprendre le mot de Werner Sollors – une formule par laquelle est reconnu l'extérieur constitutif qui rend non seulement possible mais obligatoire le marquage signifiant de la différence ethnique[17].

Au XIXe siècle, le terme de « race » – comme dans l'expression « la race anglaise » – était constamment utilisé, tant dans les discours populaires que dans les discours officiels : c'était une façon banale de désigner les droits, les qualités et le destin spécifiques des Anglais, en tant que peuple et en tant que culture : libres de naissance, tolérants, rationnels, individualistes, sages, pleins de bon sens et emprunts d'un génie constitutif s'agissant du gouvernement aussi bien d'eux-mêmes que de

17. Voir Werner Sollors, « Introduction: After the Culture Wars; or from "English Only" to "English Plus" », *in* W. Sollors (dir.), *Multilingual America: Transnationalism, Ethnicity, and the Languages of American Culture,* New York, New York University Press, 1998.

leurs passions et de leurs intérêts, selon la description faite par David Hume. Ici, le discours de l'anglicité allait chercher, à travers la terminologie de la race, ce que j'ai appelé le sens fort de l'ethnicité ou de la différence culturelle, de façon à évoquer l'*ethnos* du peuple britannique. L'idée en jeu ici est si proche de celle d'héritage et d'origine ancrée dans une parenté et une consanguinité – tout un monde de signification sous-tendu par les généalogies de la classe, de la famille et de l'occupation du territoire sur le long terme – qu'elle fonctionnait moins comme un élément de l'histoire réelle que comme l'élaboration d'un passé profondément mythifié, dans lequel l'histoire était complètement naturalisée. Cette image de la nation opérait discursivement pour garantir la différence et expliquer, avant tout, pourquoi les droits naturels des Anglais nés libres ne convenaient *pas* aux esclaves émancipés, ni d'ailleurs aux femmes, aux Aborigènes, aux Hindous, aux Hottentots, aux Maoris ou aux Zoulous. Pour le dire autrement, alors même que le discours moderne de la nation visait à unifier les différences internes au Royaume-Uni, les transformations de l'anglicité au XIX^e^ siècle révélaient sa dépendance croissante vis-à-vis des discours impérialistes de la race.

Dans le dernier tiers du siècle, qui fut l'ère du racisme scientifique et ethnologique, le signifiant racial fut ré-ancré dans un discours évolutionniste biologique, morphologique et post-darwinien, qui avait également une dimension eugéniste. Cette évolution concernait toute l'Europe, et fut impulsée en réaction à l'abolition de l'esclavage et à ses conséquences, ainsi que par l'intensification de l'aventure impériale, qui connut son acmé avec ce qu'on a appelé la ruée vers l'Afrique, laquelle suivit le dépeçage du continent lors du congrès de Berlin, en 1885. Mais, paradoxalement, ce durcissement de la position selon laquelle il existerait une différence racialisée indépassable entre « eux » et « nous » a coïncidé en Grande-Bretagne avec une diffusion et une pénétration considérables – tant dans la culture que dans l'imagination populaires – du spectacle de l'empire. C'est par cette opération culturelle que Benjamin Disraeli parvint à ancrer une monarchie en déclin et ses emblèmes dans le cœur du peuple britannique, dans le répertoire symbolique de la nation et en même temps dans l'iconographie du parti conservateur, réalisant ainsi un tour de force politique impensable – rendre le conservatisme des Tories populaire et post-démocratique – et unifiant par là la nation, devenue une « famille impériale », au-delà des divisions de classe et de genre[18].

Cette conception impérialiste de la nation britannique, dont les différents éléments étaient tenus ensemble et maintenus en place par la représentation de l'anglicité – et qui était sous-tendue à la fois par une interprétation essentialisante de l'histoire et par l'évocation du « génie » ou de l'*ethnos* transhistorique du peuple britannique – est une histoire qui survécut jusqu'à l'après-guerre. Ce n'est que dans les années 1950 et 1960,

**18.** Le collectivisme impérialiste est discuté dans Stuart Hall et Bill Schwarz, « State and Society,1880-1930 », *in* M. Langan et B. Schwarz (dir.), *Crises in the British State 1880-1930,* Londres, Hutchinson, 1982, p. 7-32 ; l'impérialisme social est discuté dans Stuart Hall, « Notes sur la déconstruction du "populaire" », *Identités et Cultures, op. cit.*

au moment où la perte de l'empire, le déclin économique et le transfert aux États-Unis de la charge de la direction du monde se combinèrent aux grandes migrations depuis les Caraïbes et le sous-continent asiatique que tout cet arrangement mêlant classe, ethnie, genre, empire et race commença à se désintégrer, suscitant ce que l'on peut appeler une « crise identitaire » dans la culture nationale britannique/anglaise. Selon Catherine Hall, le fait que, après 1945, l'empire soit « rentré à la maison » – qu'il se soit installé en métropole – a provoqué une déstabilisation profonde des identités blanches en Grande-Bretagne, soulevant cette question, jusqu'à peu littéralement impensable : « Peut-on être noir et britannique[19] ? »

Ce qui est intéressant ici, c'est que, en dépit des spécificités du cas britannique, nous assistons sous différentes formes à *un phénomène similaire et parallèle dans tous les États-nations occidentaux, conséquence de la mondialisation*. La crise identitaire en cours actuellement au sein des États-nations occidentaux, de leur culture et de leur identité nationales post-Lumières et post-impériales est un phénomène mondial de la plus haute importance. Ce qui l'a provoquée, et ce qui en fait le tranchant avant-gardiste, ce n'est pas simplement l'internationalisation du capital et de ses modes de production et de consommation, non plus que l'affaiblissement de la souveraineté économique et politique des États-nations modernes, évoqués précédemment à propos de la question de l'ethnicité, c'est

19. Catherine Hall, « White Visions, Black Lives: The Free Villages of Jamaica », *History Workshop Journal*, n° 36, automne 1993, p. 100-132.

autre chose : l'élément imprévu qui déstabilise réellement une certaine conception de l'homogénéité de l'identité culturelle nationale et met sous rature toutes les représentations charriées par l'expression « un peuple, un *ethnos*, sous un seul toit politique », ce sont les migrations de masse.

### Migrations mondiales

Il serait absurde de ma part de tenter de vous représenter ce que vous connaissez déjà trop bien, à savoir à quel point cette plante fragile et étonnamment souffreteuse qui nous est connue sous le nom d'identité nationale moderne a été mise en crise, pour formuler les choses à grands traits, par les grands mouvements de populations, planifiés ou non, partis du Sud mondialisé vers le Nord mondialisé – mouvements qui procèdent de la phase actuelle de la mondialisation et en ont suivi les rails, ou plutôt les routes de la dette. Mais il se peut cependant que vous ne saisissiez pas à quel point tout cela s'inscrit dans une histoire mondiale bien plus vaste incluant, tout d'abord, le « retour à la maison » des colonisés en Grande-Bretagne, puis les *Gastarbeiter* (les « travailleurs invités ») turcs en Allemagne, les migrations nord-africaines en France depuis la guerre d'Algérie, et à présent le flux de personnes migrant vers l'Espagne et l'Italie. Cette énorme migration de populations depuis le Sud vers le Nord fait écho aux mouvements de populations vers les États-Unis et le Canada depuis le Mexique et d'autres régions d'Amérique latine, ou depuis l'Asie. De tels mouvements de la périphérie au centre n'ont pour précédent historique que les migrations forcées et l'exode depuis l'Europe de l'Est à la fin du XIX^e siècle, et avant cela le transfert massif de millions de personnes dans le cadre de la traite, aux XVI^e, XVII^e et XVIII^e siècles.

Dans le mouvement auquel nous sommes en train d'assister, les personnes issues du Sud mondialisé – déplacées par la destruction des économies locales, par le prix des productions agricoles devenu inabordable du fait d'accords internationaux et régionaux ainsi que par le fardeau écrasant de la dette comme de la pauvreté, de la sécheresse et des guerres alimentées par le commerce international des armes – prennent un aller-simple et partent traverser les frontières qui les séparent du paradis et de l'*american way of life*. Car en fin de compte, le moteur de tous ces voyages décisifs n'est-il pas ces messages et ces images de la vie idéale qui s'étalent devant nos yeux et nos oreilles, comme dans les pages des journaux du village mondial des communications internationales, et qui sont également alimentés par l'extension de l'industrie mondiale du tourisme ? Ce sont ces nouveaux rapports de pouvoir mondiaux qui induisent pour finir l'intrusion de la périphérie dans le centre et l'érosion des frontières symboliques entre l'« intérieur » culturel et son « extérieur » constitutif. Ainsi se met en place un processus de multiculturalisation et d'hybridation des conceptions fermées et homogènes de l'identité culturelle nationale, ce qui a pour conséquence de troubler constamment l'équilibre délicat de subordinations sur lequel étaient construits leurs supposés pureté et génie originels.

Face à ce défi, le repli du noyau des vieux États-nations vers une position fermée et défensive constitue un fait majeur de la fin du XXe siècle. Si ce qu'on a appelé les *culture wars* ont été particulièrement vives, aux États-Unis, sur le tracé des frontières racialisées de ces axes de contestation culturelle, il importe néanmoins à présent de les reconceptualiser dans le cadre de cette évolution politique *mondiale* plus large, et plus historiquement différenciée. Le mouvement vers le centre des différents types de périphéries, lequel implique la lente dissolution de ce qui a si longtemps représenté « l'Occident », constitue l'un des traits fondamentaux de la formulation de modernités diverses d'un nouveau genre au sein de la période actuelle.

Mais cette évolution n'est cependant pas univoque. Elle a un autre versant, un versant négatif, violent celui-là. Il nous faut prendre la mesure des efforts vigoureux déployés en réaction à ce dilemme, des tentatives pour faire reculer cette vague de multiculturalisation et de diversification. C'est là l'autre pan de la dialectique de la modernité tardive : la restauration défensive d'un absolutisme ethnique, dans le cadre de la lutte pour bricoler de nouvelles histoires d'identité culturelle. De telles évolutions sont visibles partout aujourd'hui, sous différentes formes : dans l'Europe de l'Est comme de l'Ouest ; en Amérique du Nord ; dans les diverses formes de fondamentalisme religieux qui se développent à travers le monde ; dans la revendication croissante d'orthodoxie culturelle dans la vie publique ; et enfin dans la défense de formes de savoir canoniques – toutes choses qui intéressent particulièrement notre propos lorsqu'elles se rassemblent autour d'une version restaurée et recodée de la nation et de son récit de l'identité nationale culturelle.

Au Royaume-Uni, c'est ce qui est à l'œuvre dans la suspicion profonde envers l'Europe qui alimente l'actuel « *little englandism* » du mouvement d'opposition à l'Union européenne, radicalement hostile à l'intégration économique, au traité de Maastricht et à tout ce qui, de près ou de loin, est associé à Bruxelles, interprété comme signant une perte de souveraineté pour la Grande-Bretagne. Un autre aspect de cette tendance est le renouveau des mouvements politiques racistes au sein de ce qu'on appelle la « Nouvelle Europe » – et qu'il conviendrait mieux de nommer « l'Europe forteresse » –, ces mouvements étant désormais alliés aux partis de droite respectables aussi bien en Allemagne, en France ou en Grande-Bretagne qu'en Italie. Et c'est encore cette évolution qui s'approfondit avec la multiplication des agressions racistes et l'augmentation de la violence à l'encontre des personnes noires et asiatiques encouragées par l'extrême droite, ainsi qu'à travers les succès électoraux du British National Party dans les Docklands et l'East End – le cœur du « miracle » opéré par Thatcher et de sa transformation de la ville en centre de la finance internationale. Mais cette restauration défensive de la *natio* et de l'*ethnos* se manifeste également dans d'autres épisodes symptomatiques, comme la controverse scolaire de Dewsbury qui éclata dans le Yorkshire au cours des années 1980, et lors de laquelle des parents anglais retirèrent leurs enfants de l'école au motif que trop d'élèves musulmans y étaient inscrits. C'est aussi ce qui était en jeu dans le « test du cricket » imaginé par Norman Tebbit : cet homme politique conservateur avait entrepris de demander à des Britanniques noirs ou asiatiques si leur loyauté allait à l'équipe anglaise ou à celle des Indes occidentales ou du Pakistan. Les projets de réforme de l'enseignement de la littérature et de l'histoire sont un autre site de contestation, avec la question du retour à la tradition canonique qui anime les débats sur l'anglicité dans les programmes nationaux des écoles primaires et secondaires. Même à propos d'une question en apparence aussi anodine que la guerre culturelle (*culture war*) actuellement en cours sur la question du relèvement des exigences scolaires, on observe la mobilisation totémique du signifiant privilégié de l'anglicité qu'est Shakespeare, le seul dramaturge que tous les enfants de toutes les écoles de Grande-Bretagne doivent obligatoirement lire, qu'ils soient ou non capables simplement de lire. Et, s'il était nécessaire d'étayer encore cette analyse, on pourrait évoquer les débats parallèles qui se sont développés aux États-Unis à propos de la diversification du canon – lequel a été soigneusement et, à mon sens, catastrophiquement réduit par les deux parties à cette autre version du fondamentalisme qu'est le « politiquement correct » –, ainsi que le *backlash* qui vise actuellement de façon générale le multiculturalisme dans les écoles et les universités de toute l'Amérique du Nord, y compris la version officielle du multiculturalisme en vigueur au Canada, qui le réduit à la promotion d'une mosaïque pluraliste.

Face au tournant ouvertement raciste en cours en Allemagne, en Italie et en France, les Britanniques ont généralement la conviction rassurante d'être épargnés par ce phénomène. Pourtant, les formes particulières de racisme culturel qui se sont développées au Royaume-Uni à l'ombre du thatchérisme ont de nouveau associé dans un même discours les questions de race, d'ethnicité et de différence culturelle, et l'on voit aujourd'hui ces questions s'agréger à celles de la nation, du déclin impérial et de l'appartenance culturelle. Ici, notre discussion rejoint l'argument que j'avais commencé à défendre dans ma première conférence, car, à travers un nouveau tournant, nous sommes entrés en un point différent dans la chaîne d'équivalences race-appartenance-*ethnos*-culture-histoire que j'avais présentée alors comme le discours de la différence. Dans ce qu'on en est venu à appeler, en Grande-Bretagne, le « nouveau racisme » – car il faut bien voir que les racismes sont toujours situés historiquement, et que leurs effets sont toujours différenciés au sein des conjonctures historiques particulières dans lesquelles ils émergent –, on observe une évolution qui voit les questions d'appartenance culturelle remplacer la pureté génétique, tout en fonctionnant comme un langage codé pour la race et la couleur, comme le montre Paul Gilroy dans *There Ain't No Black in the Union Jack*.

À la lumière de mon argumentation antérieure, on comprendra que cet accent mis sur l'appartenance culturelle ne fait pas taire le biologique, et ne fait en aucun cas disparaître les signifiants génétiques-physiques de la différence raciale, ni leurs effets discursifs. Même au sein du langage du nouveau racisme, je soutiens donc que les « différences physiques plus grossières » continuent de fonctionner discursivement, à travers le glissement métonymique du signifié, de façon à fixer la signification des différences culturelles au-delà des contingences de l'histoire et de la culture. La situation à laquelle nous sommes par conséquent confrontés actuellement est que, même si dans la nouvelle version de ce discours, la « couleur » paraît signifier une différence culturelle et non biologique, elle continue néanmoins silencieusement de connoter – si l'on descend un peu plus bas dans la chaîne des équivalences – le signifié biologique-génétique, à quoi le signifié de la couleur de la peau se substitue par métonymie. Comme je l'ai expliqué, ce geste est crucial, dans la mesure où il n'est pas possible de voir le signifié. Ces précisions formulées, je suis tout à fait d'accord avec la remarque de Gilroy selon laquelle « une forme de racisme culturel qui a pris la distance nécessaire avec l'idée grossière d'infériorité biologique s'efforce à présent de proposer une définition imaginaire de la nation comme communauté *culturelle* unifiée. Il construit et défend une image de la culture nationale qui la présente comme homogène dans sa blancheur et pourtant précaire et constamment vulnérable aux attaques d'ennemis intérieurs comme extérieurs[20]. »

Si le cas britannique nous montre le nouveau visage de l'État-nation comme intermédiaire culturel, je devrai me

---

**20.** Paul Gilroy, « The End of Anti-Racism », *New Community*, nº 17, octobre 1990, p. 75. Voir également Stuart Hall, « Racism and Reaction », *Five Views of Multi-Racial Britain: Talks on Race Relations Broadcast by BBC TV*, Londres, Commission for Racial Equality, 1978, p. 23-35 et Martin Barker, *The New Racism: Conservatives and the Ideology of the Tribe*, Londres, Junction, 1982.

contenter ici, faute de temps, de mentionner le phénomène apparenté qu'est la résurgence du nationalisme ethnique en Europe de l'Est. Dans ce contexte, après l'éclatement du socialisme d'État en 1989, nous avons pu observer toute une série d'évolutions parallèles, souvent alimentées à la fois par l'idée de pureté raciale et par celle d'orthodoxie religieuse. Les nations en construction des anciennes républiques socialistes soviétiques, des États baltes, de la République serbe de Bosnie et d'ailleurs dans les Balkans surgissent toutes paradoxalement à l'Est au moment où s'amorce le déclin relatif des États-nations de l'Ouest. Toutes visent à créer de nouvelles entités politiques dans le contexte de la modernité tardive, de nouveaux États-nations constituant un « toit politique » recouvrant des identités culturelles censément homogènes. Mais étant donné qu'ils ne peuvent le faire que dans des lieux irrémédiablement composites, ethniquement pluriels sinon fondamentalement hybrides, le résultat de ce retour à des formes fermées de nation ethnique est, bien sûr, la barbarie du nettoyage ethnique. Sur la base de mythes originels extrêmement douteux et d'autres affirmations fallacieuses hâtivement bricolées, ces nationalismes ethniques s'efforcent de produire un « peuple » (*folk*) purifié susceptible de remplacer les histoires disloquées et les ethnicités hybridées de l'Europe centrale et orientale. Le but est de faire de cette nouvelle identité culturelle unitaire à la fois un bouclier et un bélier contre des voisins avec qui les gens avaient paisiblement coexisté depuis des siècles. Il n'est pas évident de comprendre si ce renouveau du nationalisme ethnique constitue une réaction à la modernité occidentale, ou au contraire le dernier spasme, à la dernière minute, d'un effort profondément confus pour extraire une nation du chaos et des ruines de l'Europe post-stalinienne, seul passeport vers la modernité et la prospérité à l'occidentale.

Un autre phénomène tout aussi perturbant, en tant qu'il manifeste le retour d'un nationalisme particulariste et d'un absolutisme ethnique/religieux (nous révélant ainsi le côté obscur des Lumières dans les ultimes décennies de la modernité tardive), et qui se positionne également comme une formation réactive et défensive par rapport à la modernité capitaliste, est le renouveau des mouvements fondamentalistes musulmans dans certaines régions du Moyen-Orient et de l'Iran, mais aussi en Algérie, en Égypte, au Pakistan et ailleurs, ainsi que le renouveau du fondamentalisme hindou non seulement dans certaines régions de l'Inde mais aussi au sein de la diaspora indienne. C'est délibérément que je revendique le terme de *fondamentalisme* pour désigner toutes ces réactions différentes à l'époque mondialisée de la modernité tardive, qu'elles soient orientales ou occidentales, européennes, asiatiques ou musulmanes : il s'agit pour moi à la fois de refuser la façon dont ce terme en est venu à signifier, en Occident, l'écrasement de toutes les différenciations complexes produites par l'histoire et la culture politique au sein des sociétés musulmanes et arabes afin qu'elles apparaissent comme un seul et unique grand ennemi, et en même temps de contester la diabolisation de l'Islam, mobilisée par l'Ouest pour prendre la place de l'ennemi historique et mondial qu'était l'« Empire du mal » incarné par l'Union soviétique, tel qu'il a été représenté tout au long de la Guerre froide. Mais l'usage que je fais du terme de fondamentalisme n'est pas purement rhétorique. Il me paraît essentiel de montrer que tous ces phénomènes très divers et historiquement singuliers ont quelque chose en commun, à savoir que leur réaction à la mondialisation – et à l'hybridation de la différence qu'elle promeut contradictoirement – consiste à reconstruire des formes d'identité culturelle dans des termes discursifs fermés, unitaires, homogènes, essentialistes et originaires. À ce niveau, j'irai même jusqu'à dire que la distinction que j'ai faite lors de ma deuxième conférence entre politique de la différence et politique de la *différance* – c'est-à-dire la distinction cruciale entre constructions ouvertes et fermées de l'identité culturelle – traverse de part en part, et trouble radicalement, les répartitions classiques entre gauche et droite, progressisme et réaction, et même entre racisme et antiracisme. Et j'ajouterai même que cette rupture, qui vient fendre en deux toutes nos distinctions binaires établies, est devenue, littéralement, *la* frontière politique décisive de notre époque. C'est ce type de frontière qui est en jeu dans la vague possibilité – aujourd'hui mise à l'épreuve – qu'un Sud-Africain noir puisse émerger de la barbarie de l'Apartheid et se frayer un chemin vers une version multiculturelle de la « nation » sans avoir une conception de la politique qui soit ancrée dans le difficile dialogue autour de la différence. Il se pourrait en effet aussi bien que la nouvelle Afrique du Sud s'apprête au contraire à affronter l'horrible cauchemar de la régression vers une conception homogène de la nation ethniquement nettoyée et culturellement unifiée, comme celle qui se matérialise sous nos yeux en ex-Yougoslavie.

Pas plus que l'« ethnicité », la « nation » n'a selon moi d'appartenance politique nécessaire. Certes, les exemples ne manquent pas de cas où la nation a été exploitée par des forces politiques régressives, archaïques et réactionnaires, où elle a été associée de force aux pôles de la fermeture raciale, ethnique, religieuse et culturelle. Mais le nationalisme a aussi joué à l'occasion un rôle politique progressiste, tout particulièrement avec les mouvements de libération nationale issus de l'anticolonialisme en Afrique et en Asie. Cette version du nationalisme a eu un rôle à la fois dans les luttes pour la décolonisation en Afrique et dans la lutte des Africains-Américains contre l'exclusion et l'oppression raciales. Mais la « nation » est un Janus : à l'instar de l'ange de l'histoire de Walter Benjamin, elle surgit toujours dans les moments de danger et, tandis que l'un de ses visages est tourné vers l'avenir, l'autre, de ses yeux mi-clos, jette vers le passé un regard de pierre. L'un des exemples les plus frappants de l'ambivalence toujours présente dans le discours de la nation est le rôle joué par l'idée d'appartenance nationale dans différentes formes de nationalisme culturel noir. Cette question était tout à fait essentielle pour les luttes menées dans les années 1960 par les Africains-Américains et d'autres Noirs de la diaspora qui s'opposaient à la conception dominante et souvent raciste des États-Unis comme une nation blanche, cette conception reposant elle-même sur une compréhension fermée de l'appartenance nationale. Je ne me risquerai pas ici à tenter de retracer ce travail complexe d'articulation, ni de cerner les connexions à partir desquelles l'idée de « nation noire » a pu se nouer à la politique culturelle de la diaspora noire, mais l'on trouve chez Paul Gilroy, dans *L'Atlantique noir*, certaines des analyses les plus significatives formulées récemment sur ces questions, et ce sur la base d'une série de relectures aussi profondes que stimulantes de moments clés et de figures majeures du canon africain-américain. L'un des aspects les plus importants du travail de Gilroy a consisté à troubler et à déstabiliser le signifiant national en tant que cadre allant de soi au sein duquel l'histoire des luttes noires était racontée jusque-là par toutes les parties prenantes. À cette perspective nationaliste sur l'histoire de la politique culturelle noire, il substitue une compréhension nouvelle des échanges circulaires, de la circulation à double-sens, de la fertilisation croisée et de l'hybridation qui constituent le moteur de ce qu'il appelle la « structure fractale et rhizomorphe » de l'Atlantique noir en tant qu'il est, depuis le départ, une formation transculturelle[21].

Il aurait été tout à fait surprenant que la lutte historique des Noirs du Nouveau monde pour mettre fin à leur asservissement, conquérir une voix politique et acquérir des droits ainsi qu'un certain degré de justice et d'égalité dans les formations nationales de l'Ouest n'ait *pas* été attirée par l'idée d'une nation politique alternative, par une conception de la nation transformée en garante des droits civils et de la citoyenneté. De même, il n'y a rien d'étonnant à ce que les Noirs de la diaspora

21. Paul Gilroy, *L'Atlantique noir*, *op.cit.*, p. 36.

aient été attirés, sinon par cette alternative, du moins par l'idée d'avoir leur propre nation au sein de la nation, ou encore de fonder notre propre nation à l'endroit d'où nous étions originellement venus. Toutes ces positions au sein de la pensée de la diaspora noire mettent en jeu la « nation » en tant que cadre dans lequel il est possible de lutter pour la citoyenneté, de l'obtenir et de la garantir. Comme le montre Gilroy, cette question n'a jamais été simple pour aucune des figures majeures du canon africain-américain. Il est très rare que le discours de la nation perdure chez eux sous sa forme fondamentale ou inchangée, et nulle part – pas plus au Liberia, par exemple, que dans les royaumes d'Éthiopie dont Marcus Garvey, entre autres, avait rêvé – l'idée d'une nation noire ne s'est réalisée sous la forme imaginée ou élaborée par les principaux penseurs de la diaspora. Néanmoins, cela n'enlève rien à la puissance de la nation *comme discours* et à la puissance de ses effets sur l'imaginaire noir. Sa manifestation la plus récente – le discours de la Nation of Islam – est parvenue à séduire de nombreux jeunes Noirs désenchantés et désillusionnés, alors même qu'à bien y regarder, cette version de la nation noire ne paraît pas devoir être plus efficace que les autres. Qui plus est, du fait des récits fermés de l'identité culturelle que vise à défendre le discours de la Nation of Islam, ses multiples coûts commencent également à se faire sentir.

Ce que les relectures puissantes de Gilroy suggèrent également, c'est qu'il existe une autre façon de raconter les histoires de la dispersion noire par l'esclavage et la colonisation et à travers les diasporas de l'Atlantique noir.

Ces relectures peuvent être superposées au grand récit qui enferme discursivement les Noirs dans leurs identités nationales respectives, fracturant ainsi ces frontières arbitrairement imposées. Cette nouvelle mise en récit opère une coupe latérale et propose une histoire qui permet de passer du « *back to our roots* » au « *back to our routes* », du retour à l'origine au retour au cheminement et aux déplacements[22]. Ce geste repose sur une conception de l'Atlantique noir comme, pour reprendre les termes de Gilroy, « ensemble culturel ex-centrique, instable et asymétrique, qu'il n'est pas possible d'appréhender à travers la logique manichéenne du codage binaire ». Parler d'« Atlantique noir » revient fondamentalement à opérer une relecture *transnationale* des histoires des Noirs ; c'est, par définition, une lecture diasporique. Pour Gilroy, dont les deux ouvrages ont tant fait pour clarifier les généalogies de notre époque, le signifiant de la diaspora – « importé, nous dit-il, dans la politique panafricaine et dans l'histoire noire à partir de sources juives non reconnues » – perturbe l'économie discursive de la différence raciale et de l'identité culturelle qui fait l'objet de notre enquête, et nous offre une façon de penser qui « doit nous être précieuse dans la mesure où elle nous permet de saisir la relation entre identité et différenciation ethniques » comme une question de « même changeant[23] ».

22. Kobena Mercer, « Back to My Routes: A Postscript to the 80s », *Ten.8*, 2, nº 3, 1992, p. 32-39.

23. Paul Gilroy, *L'Atlantique noir, op. cit.*, p. 27 et p. 326. Les perspectives comparatistes sont discutées dans Nicholas Mirzoeff (dir.), *Diaspora and Visual Culture: Representing Africans and Jews*, New York, Routledge, 2000.

### Diasporisation

Il est de la plus haute importance, d'un point de vue aussi bien historique et théorique que politique, de parcourir à présent le labyrinthe afin de scruter les espaces récessifs que l'opposition entre les signifiants « diaspora » et « nation » ouvre pour la politique de la culture. Un aspect essentiel de cette généalogie consiste à retrouver la façon dont certaines idées d'une diaspora juive ont nourri les discours des penseurs et auteurs africains-américains. C'est là un point important dans la mesure où cela permet de saper, et de rendre plus complexe, la façon dont, à l'heure actuelle, les relations entre les Juifs et les Noirs de la diaspora se sont rigidifiées en un antagonisme figé, qui est par ailleurs projeté dans l'histoire et fait dès lors l'objet d'une mythification, d'une naturalisation et d'une essentialisation. Pourtant, si vous acceptez de suivre rigoureusement ma méthode de déconstruction discursive, il faut également commencer par placer sous rature la diaspora avant de pouvoir la faire fonctionner dans la politique contemporaine. En effet, la diaspora peut tout à fait être lue comme l'histoire linéaire de la dispersion d'un « peuple élu » exilé de sa patrie natale, originelle ; de la préservation de son *ethnos* – du sens profond de sa différence culturelle – face à toutes les adversités ; de la façon dont ses membres conservèrent avec piété leurs textes sacrés et transmirent fidèlement leurs traditions par les voies de la parenté et de la filiation. Dans cette perspective-ci, l'essentiel, ce sont les pratiques qui produisent une démarcation nette entre l'« intérieur » et l'« extérieur », comme le mariage au sein du groupe et le contrôle de ses frontières afin d'entretenir la « pureté » de la tradition, tout cela étant couronné par le « retour » final et sacré à la terre promise, qui implique de revenir à l'origine de l'histoire, même si cela signifie en même temps marcher sur la tête de gens qui ont toujours partagé cette patrie (ainsi d'ailleurs que nombre de traditions du « peuple élu ») et qui ont depuis construit leur propre vie ici. Pour le dire autrement, il n'est pas possible à mes yeux de laisser une certaine conception de la diaspora fonctionner discursivement en suturant des chaînes d'équivalences conformément à une logique clairement fermée ou fondamentaliste, comme cela s'est vu dans le cas de la Palestine/d'Israël. C'est uniquement si nous parvenons à déstabiliser ces schémas et à établir une chaîne d'équivalences alternatives que le terme de *diaspora* commence à fonctionner comme un signifiant de la traduction entre des différences, ainsi que cherchent à le faire travailler notamment Gilroy et Bhabha, ou moi.

À mon sens, les diasporas sont une métaphore de la production discursive de nouveaux espaces interstitiels qui naissent des longs processus de mondialisation dans lesquels les mouvements et les déplacements physiques effectifs constituent des aspects essentiels du moment que nous vivons actuellement, en même temps qu'ils sont symptomatiques des conséquences plus larges de l'interconnexion et de la disjonction du monde. Les diasporas racisées caractéristiques des premières phases de la mondialisation – et dont l'esclavage est le principal épisode – se sont depuis combinées à diverses autres dispersions similaires, tant planifiées que non planifiées.

Ces différentes histoires constituent le champ contemporain de la prolifération d'antagonismes qui entrent sous la rubrique de la « différence culturelle », laquelle est en train de profondément perturber la conception stable qu'ont d'elles-mêmes toutes les cultures nationales. Le défi est de parvenir à comprendre comment ces histoires de « diasporisation » qui se recouvrent partiellement doivent être saisies dans toutes leurs similarités et leurs différences, et comment elles se répètent en même temps qu'elles sont disloquées les unes par les autres.

Les scénarios classiques de formation des diasporas ont été les « zones de contact » créées par l'expansion euro-impériale, pour reprendre la formule de Mary Louise Pratt[24]. Ces scènes primitives de transculturation incluent les économies de plantation du Nouveau monde et d'Asie, les villes coloniales du monde, les centres de négoce et les quartiers subalternes attenants, ainsi que, plus récemment, la ville multiculturelle mondialisée. Qu'elles soient anciennes ou nouvelles, ces scènes primitives se caractérisent toutes par des relations complexes d'échange asymétrique, d'échanges mutuels, de contacts régulés et d'exclusion forcée entre les différentes cultures, qui transforment néanmoins irrévocablement l'identité de toutes les parties concernées. Dans le cadre de la transculturation, ces changements ne se produisent bien sûr jamais sur un pied d'égalité, de sorte qu'ici aussi nous avons un exemple parfait de la façon dont les relations de différence culturelle sont aussi simultanément

24. C. L. R. James, « Africans and Afro-Caribbeans: A Personal View », *Ten.8*, n° 16, 1984, p. 55.

des relations de pouvoir, articulées dans des structures de hiérarchisation et de subordination. Malgré cela, ces zones de contacts ont toujours été le lieu d'une hybridation, d'une créolisation et d'un syncrétisme culturels : en un mot, elles ont toujours été des scènes de formation de la diaspora dans lesquelles différentes cultures non seulement se croisent mais sont obligées de se modifier dans leur confrontation les unes aux autres. De telles situations n'appellent ni le refus de la différence ni sa rigidification et sa fixation, mais sa constante et continuelle négociation.

Dans la mesure où les traditions restent relativement inchangées (ce qui est sujet à d'énormes variations historiques d'un cas à un autre) et à condition également que les conditions y soient favorables, les cultures « originelles » – les guillemets s'imposent ici, car nul ne sait si ces cultures étaient réellement « les mêmes » au commencement – continueront d'exercer une influence formatrice sur ce que deviennent les peuples de la diaspora, même si, par définition, ces origines ne peuvent rester pures, intactes et inaltérées par les autres cultures avec lesquelles toute diaspora est contrainte d'interagir. Pour des raisons similaires, les identités culturelles qu'une diaspora parvient à construire ne peuvent, les générations se succédant, se réduire à une simple répétition du même. Les cultures de la diaspora – qui sont par définition suscitées et mobilisées par le pouvoir et façonnées par des relations de violence symbolique et matérielle – sont toujours inévitablement syncrétisées, et c'est ce qui leur confère leur pertinence décisive pour notre époque mondialisée.

Dans mon essai sur l'identité culturelle caribéenne, j'ai tenté de formuler cela de façon métaphorique en parlant de trois présences imaginaires autour desquelles cette identité s'est construite. Il y a tout d'abord la *présence africaine*[25], qui est le site du refoulé, de l'écho et de la trace de l'Afrique, réduite au silence et expulsée de la mémoire par la puissance de l'expérience de l'esclavage et de la colonisation, mais qui constitue pourtant, sous la forme d'une trace, une présence « cachée » derrière chaque inflexion verbale ou rythmique, chaque retournement et chaque accentuation narratifs de la vie culturelle caribéenne. Il y a ensuite la *présence européenne* qui est au contraire toujours présente, dont la voix se fait toujours entendre, et qui est la présence au sein de laquelle les personnes déplacées ont été brutalement traduites et condensées, mais dans laquelle nous sommes toujours déjà inscrits, car après l'éclatement en une diaspora, nous sommes toujours déjà *dans* le symbolique, *dans* la culture, *dans* la modernité – comme C. L. R. James le suggérait, affirmant que le sujet noir est *dans* l'Occident, même si il ou elle n'est pas entièrement *de* lui. Enfin, il y a la *présence américaine*, qui entretient un dialogue constant, périlleux et jamais achevé avec la Caraïbe, étant donné que c'est cette présence qui constitue le terrain même des nouveaux mondes de contact et de syncrétisme. Elle est en ce sens davantage un « sol » qu'une « présence », au sens où, par rapport à la question de l'« origine », elle est le site irrémédiablement marqué par une distance infranchissable. Elle signale pour ainsi dire le « pays d'où l'on ne revient pas », ce qui est en

25. En français dans le texte.

soi le début de la diaspora, de l'hybridité et de la *différance* – de tout ce qui fait du peuple caribéen un peuple diasporique, qui au Royaume-Uni est devenu doublement diasporisé.

J'aurais pu poursuivre en évoquant la *présence indienne*, tant celle des Amérindiens indigènes que celle des personnes ayant migré depuis l'Asie du Sud, mais lorsque nous réfléchissons aux relations de pouvoir et de culture co-constitutives, il est essentiel de garder à l'esprit qu'à certains moments stratégiques, et en raison de certains avantages tactiques dans la lutte, on constate que l'une de ces « présences » est privilégiée par rapport aux autres. Ceux qui sont réduits au silence ne peuvent produire d'énonciation au sein de l'ensemble que si les relations de pouvoir/différence établies sont contestées, déstabilisées et recomposées. De tels gestes – la reconfiguration des relations de pouvoir et de culture telles qu'elles s'articulent par la différence – ne peuvent être compris que discursivement, comme je l'ai soutenu tout au long de mon propos. Sur le plan analytique, nous ne devons jamais perdre de vue le fait que, dans de telles scènes primitives de contact, *la culture elle-même* a été fondamentalement et irrévocablement diasporisée : la culture de chaque identité participant au mélange a été *désassemblée* en tant que structure discursive susceptible de fermetures binaires et – sur la base même du syncrétisme, de l'hybridité et de la créolisation – les discours à travers lesquels l'identité est construite ont été *réassemblés* en tant que structure de la différence, comme un ensemble de positionnalités dans un système complexe de circularité et d'échanges réciproques, comme un « tissu de différences ».

Ici, la pratique de la politique de la culture en est de plus en plus venue à prendre la forme de ce que Mikhaïl Bakhtine décrit sous le nom d'*hétéroglossie*, à savoir la culture produite par l'entrecroisement de nombreuses langues, permettant le développement d'une politique de la culture qui exploite de façon créative la multiaccentualité de la signification et les propriétés carnavalesques de l'énonciation[26]. C'est ce type de gestes dialogiques qui commencent à être si culturellement productifs dans les nouveaux espaces diasporiques de notre époque mondialisée. Comme l'écrit Kobena Mercer :

> À travers toute une gamme de formes culturelles se fait jour une dynamique syncrétique qui s'approprie culturellement des éléments des codes maîtres de la culture dominante et les « créolise », désarticulant des signes donnés pour réarticuler leur signification symbolique. La puissance subversive de cette tendance à l'hybridation est tout particulièrement manifeste au niveau du langage lui-même, où les créoles, les patois et l'anglais noir décentrent, déstabilisent et carnavalisent la domination linguistique de l'anglais [Le terme désignant ici l'anglais « correct », « pur » ou canonique. S. H.], le langage national du discours maître, à travers des inflexions et des réaccentuations stratégiques, ainsi que d'autres gestes

26. Mikhaïl Bakhtine, « Du discours romanesque », *Esthétique et théorie du roman*, trad. fr. D. Olivier, Paris, Gallimard, 1987, p. 83-233. Le concept de carnavalesque chez Bakhtine est discuté dans Stuart Hall, « For Allon White: Metaphors of Transformation », *in* Allon White, *Carnival, Writing, Hysteria: Collected Essays and Autobiography*, New York, Clarendon Press, 1993, p. 1-25.

performatifs au sein des codes sémantiques, syntaxiques et lexicaux[27].

L'une des conséquences principales de cette façon de penser la culture est de faire éclater une conception plus ancienne de la « tradition » comme transmission, à travers le temps, d'un même qui *ne* change *pas*. Ainsi, ces nouvelles définitions de la culture de la diaspora rompent irrévocablement avec le récit fermé de la diaspora qui ne cesse de déplorer une authenticité perdue, dans la mesure où, dans le cadre de la conception traditionaliste de la culture de la diaspora, il y a toujours un mouvement linéaire par lequel l'authenticité s'amoindrit à mesure que l'on s'éloigne de la source originelle ou que l'on s'écarte du texte sacré, ce qui entraîne inévitablement une déplorable dérive de l'identité diasporique vers l'inauthenticité et l'impureté. À l'inverse, avec cette nouvelle façon de penser la diaspora, la « tradition » est comprise comme étant elle-même continuellement refaite et transformée, toujours produite en tant que structure discursive, de sorte qu'elle se recompose sans cesse à mesure que les relations de similarité et de différence sont repositionnées – qu'elles sont désarticulées et réarticulées – selon de nouvelles chaînes d'équivalence. En abandonnant ce récit de l'authenticité, nous disposons d'une description décisive de la diaspora qui perturbe également la désastreuse tendance à considérer les peuples diasporiques

27. Kobena Mercer, « Diaspora Culture and the Dialogic Imagination: The Aesthetics of Black Independent Film in Britain », *Welcome to the Jungle: New Positions in Black Cultural Studies*, New York, Routledge, 1994, p. 63.

comme continuellement suspendus entre un traditionalisme qui regarde vers le passé, auquel il leur est impossible de revenir, du fait de leur impureté et de leur corruption, et une modernité qui appartient au futur, tout aussi impure et inauthentique, à laquelle il leur est interdit d'accéder.

Les identités construites sur la base d'une conception diasporique de la différence culturelle ne sont – la chose est tangible – ni unifiées ni unitaires. Elles ne sont pas unifiées parce qu'aucune dimension unique, aucune frontière fondamentale de différence et d'antagonisme ne peut les fixer ou les garantir une fois pour toutes. On peut certes avoir l'impression que leur être est garanti lorsqu'il est intégré au cadre du discours racialisé binaire de la différence qui cherche à subsumer ces identités sous les catégories de « race », d'« ethnicité » ou de « différence culturelle » au sens fort. Mais, comme nous l'avons vu, chacun de ces termes est une construction discursive et, en tant que tels, comme tous les mondes de signification, ils ne peuvent jamais être définitivement fixés, et sont au contraire ouverts à un glissement infini parmi les signifiants. Il nous faut toujours garder à l'esprit que d'autres signifiants – par exemple de la classe, du genre ou encore de la sexualité – sont à l'œuvre au sein de et à travers les discours de la race, de l'ethnicité et de la différence culturelle, troublant souvent plus qu'ils ne confortent la façon dont l'identité est suturée et mise en place par les discours diasporiques. De cela résulte, comme nous pouvons l'observer dans la politique de la culture de la différence propre au moment que nous vivons actuellement, une structure multidimensionnelle de similitudes et de différences – un « tissu de différences » – qui constitue la politique contemporaine de l'identité et de l'identification comme un *champ de positionnalités*, plutôt que comme une structure binaire dans laquelle les positions ne peuvent que se répéter les unes les autres et ne varient jamais.

Les diasporas sont composées de formations culturelles qui coupent au travers des délimitations établies de la race, de l'*ethnos* et de la nation et les interrompent. Les sujets de la diaspora sont éternellement dispersés loin de leur patrie, à laquelle il leur est littéralement impossible de revenir. Dans la mesure où ils sont le produit de plusieurs histoires, de plusieurs cultures et de plusieurs récits, ils appartiennent à plusieurs foyers, dont la plupart sont au moins en partie symboliques et relèvent de la communauté imaginée, et auxquels ils ne pourront jamais revenir. Être le sujet d'une telle diaspora signifie donc n'avoir aucun foyer particulier auquel on appartient exclusivement. C'est la raison pour laquelle, me semble-t-il, les sujets de la diaspora parlent, chantent et écrivent si éloquemment dans la langue métaphorique de l'amour et de la perte, de la mémoire et du désir, du périple, du voyage et du retour. Les sujets diasporiques sont ce que Salman Rushdie appelle des sujets « traduits » : transportées à travers les frontières par l'acte de la migration, les personnes « traduites » se construisent un foyer dans les interstices du monde[28]. Ces sujets doivent apprendre à habiter plus d'une identité, à séjourner dans plus d'une

28. Salman Rushdie, « Patries imaginaires », *Patries imaginaires. Essais critiques 1981-1991*, trad. fr. A. Chatelin, Paris, Bourgois, 1995, p. 19-32.

culture et à parler plus d'une langue car, comme le suggère Homi Bhabha, parler dans le lieu déstabilisant situé entre plusieurs langues signifie constamment négocier à travers leurs différences en les traduisant[29].

Bien sûr, ces personnes ne sont ni les âmes figées des discours clos du fondamentalisme ni les nomades errants et vides du postmodernisme ou de l'homogénéisation produite par la mondialisation. Les sujets de la diaspora portent la trace des histoires et des cultures particulières, des traditions d'énonciation, des langues, des textes et des mondes de signification qui les ont irrévocablement façonnés – et en effet, avec quelles ressources symboliques parleraient-ils, sinon ? Mais les traces à l'œuvre dans la formation de telles identités ne sont jamais singulières, elles sont toujours multiples et, en tant que telles, ces traces refusent toujours de s'assembler en un tout cohérent au sein d'un unique récit d'appartenance, quel qu'il soit. Ces sujets me paraissent être le produit d'une nouvelle conscience diasporique. Ils en sont venus à accepter le fait que, dans le monde moderne – et cela vaut, je crois, à tous les niveaux –, l'identité culturelle est toujours *quelque chose* mais n'est jamais simplement *une* chose. Ces identités sont toujours ouvertes, complexes, en construction, prises dans un jeu sans fin. Comme je l'ai formulé ailleurs, les identités de la diaspora « s'avancent vers le futur à travers un détour symbolique par le passé. [Ainsi] sont produits de nouveaux sujets qui portent

---

29. Homi Bhabha, « Comment la nouveauté pénètre le monde : l'espace postmoderne, le temps postcolonial et l'épreuve de la traduction culturelle », *Les Lieux de la culture, op. cit.*, p. 323-355.

la trace des discours particuliers qui non seulement les ont constitués mais leur permettent de se produire eux-mêmes à nouveau, différemment[30]. » La question n'est pas de savoir *qui nous sommes*, mais *qui nous pouvons devenir*. Par rapport à la nouvelle politique culturelle de la différence, la tâche de la théorie n'est pas de penser comme nous l'avons toujours fait, de conserver la foi en nous efforçant d'empêcher le morcellement du terrain par un acte de volonté compulsif, mais d'apprendre à *penser différemment*.

---

30. Stuart Hall, « Culture, Community, Nation », *Cultural Studies*, nº 7, octobre 1993, p. 362.

# Postface

## *Kobena Mercer*

Dans *Race, ethnicité, nation*, Stuart Hall entreprend de dénouer le nœud liant entre elles les catégories de race, d'ethnicité et de nation. À elles trois, ces catégories servent à classifier la diversité infinie de la vie humaine. Mais au vu de leurs conséquences mortelles et des divisions qu'elles induisent, on pourrait se demander si nos vies ne seraient pas meilleures sans elles. Et pourtant, quelle sorte d'être humain a une identité non raciale, non ethnique, non nationale ? Devant de telles questions, Hall nous invite à envisager les choses sous un jour nouveau. Ce que nous affrontons aujourd'hui, nous dit-il, ce sont les trois formes historiques prises par les discours de la différence culturelle, qui se sont entremêlés à des relations de pouvoir tout au long de l'époque moderne. Ses *Du Bois Lectures*, données à l'université de Harvard en avril 1994, mettent en lumière les implications politiques des positions théoriques de Hall. Il y révèle que la puissance (*agency*) de la différence, à l'œuvre dans tout discours, est la raison pour laquelle les institutions sociales s'efforcent constamment d'atteindre la stabilité, en même temps que la condition qui permet aux sujets de s'émanciper et de faire leur entrée dans l'histoire. Avec rigueur et discrétion, Hall défend pied à pied une conception discursive de l'identité culturelle. Les étapes décisives de son raisonnement minutieux nous fournissent les outils nécessaires pour défaire le nœud gordien dont l'ombre plane sur la modernité mondialisée depuis son émergence.

Les célèbres *Du Bois Lectures*, organisées par le département des études africaines et africaines américaines de Harvard, sont l'occasion pour des universitaires d'affronter à nouveaux frais les questions qui ont préoccupé toute sa vie W. E. B. Du Bois, lequel a soutenu son doctorat dans cette université en 1895. Du Bois a consacré sa vie à transformer la perception qu'ont d'elles-mêmes des sociétés façonnées par les réalités de la race, aussi bien en Amérique, en Europe ou en Afrique qu'en Asie, et toute sa production intellectuelle manifestait l'esprit cosmopolite que cela l'avait amené à développer. Dans sa première conférence, Hall engage un dialogue avec Du Bois concernant les troublantes ambiguïtés du concept de race, sur lesquelles tant d'éminents penseurs ont buté depuis plus d'un siècle. S'appuyant ensuite sur sa propre trajectoire, de la Jamaïque coloniale à la Grande-Bretagne post-impériale, ses deuxième et troisième conférences examinent ce qu'il y a de nouveau et de distinctif dans les politiques de l'ethnicité et la situation critique des États-nations sous la pression de la mondialisation à la fin du XXe siècle, proposant ainsi un renouvellement, dans le cadre de la modernité tardive, de la perspective cosmopolite qui a informé tous ses engagements d'intellectuel diasporique.

Établi à partir de ses notes préparatoires manuscrites et des transcriptions corrigées, *Race, ethnicité, nation* ajoute un chapitre essentiel à l'œuvre de Hall. Il présente de manière concise l'essentiel des développements fertiles qu'a connus sa réflexion sur la race, l'ethnicité et la nation dès lors que les questions liées à la diaspora sont passées au premier plan de son travail, à partir de la fin des années 1980. Dès le début de sa carrière, Hall s'était intéressé aux questions liées à la race, mais tandis que, dans ses premiers travaux, sa perspective était sociologique et que, dans les années 1970, il se concentrait sur l'articulation de la race, de la classe et de l'État, sa première conférence, intitulée « Race – les glissements d'un signifiant », nous propose une explication condensée de ce pourquoi la race s'obstine à perdurer, en dépit de toutes les démystifications montrant que sa réalité est exclusivement sociohistorique et non biologique. En portant son attention sur le rôle moteur de la différence dans la production discursive de signification, Hall nous offre une généalogie révélant à quel point la catégorie de « race » est capable de contribuer à la construction du monde : bien que scientifiquement vide, elle possède un degré extraordinaire de dynamisme symbolique qui lui permet d'ordonner les circonstances fluctuantes de la vie sociale. En vertu de sa codification binaire du monde, la race confère du sens aux variations arbitraires du phénotype humain. Or ce sont précisément ces significations – et non une quelconque base biogénétique – qui sont contestées dans la lutte politique.

Aujourd'hui, alors que la plupart – sinon tous – s'accordent pour dire que la race n'est qu'une construction sociale, Hall nous demande de prendre le temps de réfléchir à ce que signifie le fait de soutenir une telle position. Dès lors que le concept de « race » a été discrédité par la science, beaucoup soutiennent que nous devrions adopter à la place le concept d'« ethnicité ». Cependant, dans la deuxième conférence de Hall, intitulée « Ethnicité et différence à l'ère de la mondialisation », sa méthode d'analyse discursive révèle en quoi cette solution, si simple en apparence, se heurte aux réalités de la vie politique. Tandis que l'appartenance au groupe – définie par le fait d'avoir en commun une langue, des coutumes, une religion et des croyances – crée des communautés symboliques à partir de matériaux purement culturels, Hall distingue deux modalités, tout à fait différentes, de construction discursive de l'ethnicité. Les formes fermées de cette construction, dans lesquels un fort sentiment d'appartenance s'ancre dans un sens géographique du lieu qui exclut tout ce qui est jugé étranger ou différent, impliquent souvent l'invocation de liens de « parenté » et de « proximité immédiate » (*kith and kin*), ou des liens du « sang » et de la « terre », dans un effort pour fixer la signification de l'*ethnos* dans des termes essentialisants et transcendants. En ce sens, les formes fermées de discours sur l'ethnicité misent tout sur le domaine inaltérable de la nature, exactement de la même façon que le discours raciste. Ayant montré combien les distinctions claires entre « ethnicité » et « race » sont brouillées par la tendance à la fermeture du groupe, Hall décrit ensuite des formes alternatives, ouvertes cette fois, de construction de l'ethnicité, qui sont extrêmement révélatrices. Dans les alliances que les communautés afro-caribéennes et sud-asiatiques nouèrent dans le cadre des luttes antiracistes menées après la guerre en Grande-Bretagne, le mot « noir » devint le signifiant d'une identité émergente non pas assise sur une quelconque base génétique ou sur le partage de coutumes, mais issue du glissement discursif par lequel des significations contestées rassemblées sous les marqueurs de la différence culturelle permirent d'étendre le terrain à partir duquel l'opposition politique au *statu quo* pouvait être articulée. De même que les formes d'identité ouvertes envisagent les frontières de l'identité comme perméables, les nouvelles ethnicités ne cherchent pas à éterniser l'identité par le recours à des mythes décrivant une pureté originelle et reposant sur l'exclusion et la fermeture vis-à-vis de la différence : au contraire, elles acceptent que toute identification collective est sujette à des circonstances historiques variables. À partir de cette analyse historique concrète, Hall formule des conclusions pénétrantes, d'une portée considérable pour notre compréhension du monde. Sa troisième conférence, intitulée « Nations et diasporas » est consacrée à la cartographie des conséquences décisives des migrations, et à la façon dont elles ont changé le monde.

Hall suggère que les États-nations qui ont acquis leur forme moderne dans les années 1700 se sont servi du récit comme d'un medium indispensable pour inciter un nombre considérable de personnes disparates à se reconnaître dans une identité partagée. Saisir en quoi la figure discursive de « l'Anglais de naissance libre », par exemple, est le produit de ce moment historique implique ainsi d'accepter que cette identité reposait sur sa différence vis-à-vis d'« autres » coloniaux ou esclaves, exclus quant à eux de tout « droit naturel ». Mais suivre cette généalogie jusqu'à notre présent, c'est reconnaître qu'une telle figure n'a jamais été une illusion ou une fiction textuelle, mais qu'elle a constitué un point d'ancrage pour des processus d'identification collective qui sont actuellement mis en pièces et précipités dans une crise sous l'effet de la mondialisation capitaliste. Alors que l'identité a besoin de coordonnées spatiales et temporelles pour créer un sentiment d'ancrage dans un lieu – le sentiment de se sentir « chez soi » quelque part –, l'hypermobilité avec laquelle l'argent, les biens, les informations et les personnes circulent à présent sur notre planète toujours plus interconnectée conduit à défaire massivement ces points d'ancrages situés dans l'ordre symbolique de la culture. Lorsque les migrants deviennent la cible de choix des nouveaux racismes en Europe et aux États-Unis aujourd'hui, les déplacements et les bouleversements produits par la dérégulation économique sont encodés dans des récits qui représentent la différence culturelle comme radicalement étrangère et incompatible avec la nation, ce qui induit des formes xénophobes de fermeture du groupe. En même temps, dès lors que la culture voyage en conséquence des migrations, les formations diasporiques nées de la dispersion des personnes loin de leur lieu d'origine sont porteuses de la promesse d'autres façons de gérer la différence. Les sujets contraints de migrer d'un contexte culturel à un autre n'ont pas seulement besoin de parler plusieurs langues pour assurer leur survie, ils sont en même temps obligés de « traduire » entre elles et ce processus crée des hybridations dans lesquelles toutes les identités intégrées aux communs discursifs sont ouvertes à des possibilités de transculturation.

Mais la diaspora n'est pas une panacée. Ce que Hall trouve dans les formations diasporiques à partir desquelles l'histoire caribéenne s'est construite (et sur lesquelles se conclut sa troisième conférence), c'est une compréhension de la culture elle-même comme pratique d'articulation. Pendant des siècles, des éléments africains, européens, américains et amérindiens se sont combinés selon des hiérarchies sclérosantes dans le cadre fermé de l'ordre imposé par le pouvoir colonial. Lorsque les nations caribéennes devenues indépendantes redéfinirent leur identité, elles ne partaient pas de rien, et pourtant une rupture irrévocable avec le passé intervint, dès lors que les « présences » culturelles constitutives de la région furent réarticulées selon de nouvelles configurations. Le concept de « diaspora » connut un changement de paradigme au milieu des années 1990, dans la conjoncture extraordinairement productive où ces conférences furent préparées. La pensée de Hall concernant les politiques de la culture fut nourrie et vivifiée de façon décisive par sa collaboration avec des artistes, des réalisateurs et des photographes britanniques noirs, ainsi que par le livre de Paul Gilroy, *L'Atlantique noir. Modernité et double conscience*, paru en 1993, dont il reconnaît tout au long de ces conférences l'impact déterminant[1]. Le modèle de l'« Atlantique noir », qui redéfinissait la diaspora non plus comme une perte tragique de *racines* vitales, mais comme un réseau polycentrique de *trajectoires* transculturelles donnant à la culture noire son dynamisme transnational, fut pris au sérieux par nombre de lecteurs à travers le monde, au moment où l'internationalisation des *cultural studies* gagnait du terrain dans les humanités comme dans les sciences sociales. Pourtant, le peu de cas fait, dans la réception des travaux de Hall aux États-Unis, du concept clé d'« articulation » dans des textes sociologiques comme « Pluralism, Race, and Class in Caribbean Society » (1978) et « Race, articulation, et sociétés structurées à "dominante" » (1980) doit être analysé, dans la mesure où c'est ce corpus qui a posé les fondations de la modalité relationnelle selon laquelle Hall a toujours conceptualisé la race, l'ethnicité et la nation[2].

---

1. Voir Stuart Hall, « Nouvelles ethnicités » et « Identité culturelle et diaspora » dans *Identités et Cultures. Politiques des* cultural studies, trad. fr. C. Jaquet, Paris, Amsterdam, 2017 ; David A. Bailey et Stuart Hall (dir.), « Critical De cade: Black British Photography in the 80s », *Ten.8 2*, n° 3, 1992 ; et Paul Gilroy, *L'Atlantique noir. Modernité et double conscience*, trad. fr. C. Nordmann, Paris, Amsterdam, 2017.
2. Stuart Hall, « Pluralism, Race and Class », *in* Collectif, *Race and Class in Post-Colonial Society: A Study of Ethnic Group Relations in the English- Speaking Caribbean, Bolivia, Chile and Mexico*, Paris, Unesco, 1978, p. 150-184 ; Stuart Hall, « Race, articulation and sociétés structurées à "dominante" », *Identités et Cultures 2. Politiques des différences*, trad. fr. A. Blanchard et F. Vörös, Paris, Amsterdam, 2019. Voir aussi Stuart Hall, « La pertinence de Gramsci pour l'étude la race et de l'ethnicité », *Identités et Cultures 2, op. cit.*

Pour Hall, les sphères économique, politique et culturelle d'une formation sociale doivent être comprises comme des instances relativement autonomes fonctionnant ensemble, ou articulées les unes aux autres, « pour fournir les conditions d'existence de toute conjoncture », ce en quoi il se distingue de l'approche réductionniste des traditions marxistes qui considèrent que la base détermine la superstructure[3]. Sa perspective structuraliste implique, plutôt que de concevoir la société comme un tout organique, de la définir comme une structure combinatoire dont les instances constitutives sont ouvertes à la contingence. Des pressions contradictoires surgissent parmi ces différentes instances et contribuent à provoquer des ruptures historiques et des transformations sociales, mais l'issue de ces crises historiques est imprévisible et leur résultat contingent étant donné que la manière dont les éléments dominants et les éléments subordonnés en viendront à être réarticulés est déterminée par une lutte, par des antagonismes.

Loin d'être un exercice abstrait, *Policing the Crisis* (1978) révélait combien la race constituait un élément irréductible de la crise du consensus traversée par la Grande-Bretagne, qui aboutit aux politiques sécuritaires des années Thatcher[4]. Le concept de « signifiant ethnique »,

---

3. Stuart Hall, « Race, articulation et sociétés structurées "à dominante" », art. cité, p. 206.
4. Stuart Hall *et al.*, *Policing the Crisis: Mugging, Law and Order, and the State*, Londres, Macmillan, 1978. Voir aussi Stuart Hall, « Racism and Reaction », *Five Views of Multi- Racial Britain: Talks on Race Relations Broadcast by BBC TV*, Londres, Commission for Racial Equality, 1978, p. 23-35.

introduit par Hall dans son texte de 1978 sur la société caribéenne, anticipait le tournant qui allait l'amener, dans les années 1980, à adopter une approche poststructuraliste. Il est par conséquent essentiel de reconnaître le contexte de la pratique articulatoire qui donne leurs fondements architectoniques aux modèles discursifs à travers lesquels Hall n'a cessé d'examiner les lignes de pouvoir et de résistance inscrites par la race, l'ethnicité et la nation.

Les migrations ont une importance décisive dans *Race, ethnicité, nation* : elles constituent l'élément critique autour duquel les chauvinismes ethniques, les néonationalismes et les divers fondamentalismes s'efforcent de refermer les frontières symboliques de l'appartenance au groupe. Mais l'espoir optimiste que place Hall dans les cultures de la diaspora comme incarnation d'une alternative est radicalement matérialiste. Dans les *cultural studies* telles que les pratique Hall, la culture a toujours une existence matérielle – non pas comme collection de textes indépendants ou d'artefacts isolés, mais comme instance clé de la formation sociale dans laquelle des forces émergentes font d'abord sentir leur présence lorsqu'elles viennent affronter les blocs dominants ou résiduels de l'autorité établie. En s'intéressant aux moments de crise où « les processus culturels anticipent le changement social », Hall attire notre attention sur les zones d'émergence qui nous permettent d'analyser le potentiel de transformation latent dans toute conjoncture historique[5].

---

5. Stuart Hall, « Race, Culture, and Communications: Looking Backward and Forward at Cultural Studies », *Rethinking Marxism: A Journal of Economics, Culture, and Society*, nº 5, printemps 1992, p. 10.

C'est la façon dont l'irrésolution conflictuelle d'une époque – sa crise – en vient à être symbolisée, imaginée et représentée dans le domaine de la culture qui influence la façon dont les hommes et les femmes ordinaires agissent sur la base des antagonismes qui sont actifs et accessibles à toutes les appropriations, précisément parce que la façon dont ils s'articulent ne peut pas être déterminée à l'avance par un quelconque *telos* historique. Dans la politique mondialisée de l'identité et de la différence telle que nous la connaissons désormais, la condition migrante apparaît symptomatiquement centrale à Hall, car elle parle à travers une « double syntaxe » qui fait que la différence peut soit être poussée du côté des dangers de l'absolutisme ethnique et de son « tout ou rien », soit peut, si nous savons en saisir l'occasion, nous permettre d'apprendre de la survie diasporique comment vivre avec les autres et avec l'altérité.

Les hasards qui ont fait que ces conférences n'aient pas été publiées du vivant de Hall et qu'elles le soient seulement plus de vingt ans après avoir été prononcées ne rendent que plus flagrant le caractère visionnaire de ces réflexions, menées en 1994. À la lumière des évènements de ces dernières années, du 11 septembre à la crise des réfugiés syriens qui a éclaté en 2015, personne ne contesterait son affirmation prophétique selon laquelle la prolifération croissante des antagonismes autour de la différence culturelle est *la* question politique décisive de notre époque. C'est parce que ces contradictions puissantes, qui façonnent notre présent, sont si vivaces et irrésolues que nous avons un besoin urgent d'appréhender comment s'articulent intimement culture et politique dans les luttes qui portent sur la différence et l'identité aujourd'hui. Si certains se réfugient dans la culture parce qu'ils craignent que les politiques de l'identité soient une impasse, *Race, ethnicité, nation* défend la vocation intellectuelle des *cultural studies*, qui est de mettre à nu les conditions définissant la contemporanéité comme autant d'obstacles à franchir. Tout cela pour dire que l'écart temporel entre la conception et la publication de *Race, ethnicité, nation* nous permet de percevoir avec acuité ce qui fait la singularité de ces conférences, à savoir la façon ramassée et incisive qu'elles ont de résumer ce qui est en jeu politiquement lorsqu'on s'engage à défendre le point de vue selon lequel notre expérience vécue d'appartenance collective – en tant qu'elle est codée par la race, l'ethnicité et la nation – est ouverte au changement précisément parce qu'elle est construite *discursivement*.

Dans la mesure où le constructivisme est aujourd'hui devenu un postulat fondamental dans le champ des humanités, est-il juste de dire que l'acceptation apparente du fait que toute identité est une construction s'est payée de la perte d'une éthique de la critique ? Reconnaître que les différences – de genre, de sexualité ou de handicap autant que de race et de culture – ont été construites selon des modalités oppressives qui limitent la liberté humaine, c'est assumer une position qui n'a de sens que si *dé*construire ces structures iniques permet de créer des alternatives qui permettent de *ré*articuler la différence de manière équitable. Mais dans le contexte de la mondialisation néolibérale – qui a été au cœur de l'analyse politique de Hall tout au long des années 1990 et 2000 –, tout se passe comme si les images d'abondance et d'inclusion auxquelles nous avons accès par l'intermédiaire de nos écrans digitaux fonctionnaient comme un spectacle qui, culturellement, nous masque les divisions sociales et les disparités économiques qui n'ont cessé de croître au cours du dernier quart de siècle[6]. Au cours des vingt dernières années de sa vie, dans ses écrits sur les arts visuels aussi bien que sur la mondialisation et le néolibéralisme, Hall n'a pas cessé de réfléchir à l'ethnicité, à la race et à la nation, ainsi qu'à la façon dont ces trois termes se nouent et se mêlent aux politiques culturelles de l'identité. Mais ce qui fait de *Race, ethnicité, nation* une contribution si précieuse et unique aux archives de Hall, c'est qu'à travers sa généalogie de la modernité mondiale il démontre que les outils les mieux à même de défaire le nœud surdéterminé qui a placé la race, l'ethnicité et la nation au cœur de notre expérience d'appartenance collective sont à chercher dans les modèles discursifs de la différence. Je n'évoquerai ici que quelques-uns des axes de recherche ouverts par le méthodique constructivisme discursif de Hall, mais je voudrais introduire et contextualiser quelques-unes des nombreuses ressources conceptuelles que nous offre ce livre pour démêler les fils de la culture et de la politique au XXIe siècle[7].

---

6. Le point de vue de Hall sur le sujet est notamment exposé dans Stuart Hall, « The Neoliberal Revolution », *Soundings*, n° 48, 2011, p. 9-28.

7. La première conférence de *Race, ethnicité, nation* a servi de base à la conférence donnée par Hall au Goldsmith College de London University en 1997. Cette conférence a été enregistrée et diffusée sous forme de DVD sous le titre *Race, the Floating Signifier* (réalisateur Sut Jhally),

Peu de gens soutiendraient aujourd'hui que la pigmentation d'une personne est une indication pertinente pour déterminer, par exemple, son intelligence. Mais le fait que nous remarquions la couleur de peau des gens est, comme Hall le fait remarquer, une conséquence des « traces » déposées dans les manières courantes de voir et de connaître par l'histoire du discours racial. C'est ce qui explique que Du Bois n'ait pas abandonné le concept de race, alors même qu'il fut l'un des premiers à mettre en doute sa validité scientifique, et c'est aussi pourquoi Hall conteste l'idée d'Anthony Appiah selon laquelle Du Bois aurait dû aller jusqu'au bout de son argumentation anti-biologisante en abandonnant tout à fait l'idée de « race ». Tandis qu'Appiah est principalement préoccupé par la dimension référentielle de la langue et s'appuie sur un modèle dans lequel la signification véritable dépend d'une correspondance terme à terme entre les mots et les choses – une perspective selon laquelle la race est une catégorie erronée –, Hall met quant à lui l'accent sur la primauté du signifiant. Dans la perspective de Ferdinand de Saussure, pour qui « dans la langue il n'y a que des différences *sans termes positifs* », les graphèmes et les phonèmes (c'est-à-dire les signifiants) arbitraires n'en viennent à être associés à un contenu cognitif (à des signifiés) que sur la base des conventions que les locuteurs

Northhampton, MA, Media Education Foundation, 1997. La transcription de la conférence est accessible en ligne. Sa traduction française est disponible dans Stuart Hall, *Identités et Cultures 2*, *op. cit.*, sous le titre « La "race" : un signifiant flottant ».

partagent implicitement lorsqu'ils échangent des signes[8]. Pour que la signification soit possible, l'activité de « différenciation » – par laquelle les phonèmes et les graphèmes subissent une série potentiellement infinie de permutations paradigmatiques et syntagmatiques avant que ne soit fixée l'unité du signe – implique que ce qui prime dans la chaîne signifiante est le mouvement du signifiant, étant donné que ce n'est qu'après qu'on a décidé des signes par convention qu'ils acquièrent des référents. Les implications du point de départ de Hall sont donc tout à fait considérables.

En juxtaposant des citations de Bartolomé de Las Casas en 1550 et d'Edmund Burke en 1777, Hall montre que l'orientation binaire du débat religieux concernant la différence raciale – laquelle conduisit les Européens à penser que les peuples du Nouveau Monde appartenaient à une espèce distincte – se trouve réinscrite dans la ligne de partage entre la « civilisation » et la « barbarie » telle qu'elle a été définie par la philosophie naturelle et la science à l'époque des Lumières. Étant donné qu'il n'existe pas de relation d'imitation par laquelle les mots refléteraient les choses données dans la nature, puisqu'au contraire tout discours construit son référent en tant qu'objet de connaissance, Hall explique le processus par lequel le discours rend ainsi la réalité accessible à des relations de pouvoir. « Le discours vise à la production

8. Ferdinand de Saussure, *Cours de linguistique générale*, Paris, Payot, 1971, p. 166 ; sur la conception du signe de Saussure, voir Stuart Hall, « The Work of Representation », *in* S. Hall (dir.), *Representation: Cultural Representations and Signifying Practices*, Londres, Sage, 1997, p. 15-36.

de connaissances dans la langue », affirme-t-il, « mais [...] comme toutes les pratiques sociales impliquent de la signification, et comme les significations façonnent et influencent ce que nous faisons – c'est-à-dire notre conduite –, toutes les pratiques ont un aspect discursif[9]. »

Avec l'encodage binaire qui permet à la race d'établir des ordres de signification dans la contingence fluctuante du monde, le discours racial fait entrer une large gamme de phénomènes hétérogènes dans une grille commune d'intelligibilité, au sein de laquelle les signifiants sont fixés le long de « chaînes d'équivalence ». Avec une légèreté de ton masquant la gravité de ses réflexions, Hall interprète la sémiotique du phénotype – les signifiants corporels ressaisis par la phénoménologie du regard colonial de Frantz Fanon – en termes de différences visuelles rendues signifiantes dès lors qu'elles sont interprétées en descendant la chaîne signifiante comme des marqueurs d'essences biogénétiques, codés comme d'autant plus immuables qu'ils sont invisibles. Inversement, lorsque ces différences visibles de « race » sont interprétées en remontant la chaîne, elles connotent l'accomplissement civilisationnel, l'esprit du peuple [*folk spirit*] ou encore d'autres qualités intangibles dont le poids symbolique est d'autant plus grand qu'elles sont, elles aussi, inaccessibles à l'œil. Le tournant poststructuraliste des études africaines américaines engagé

---

9. Voir Stuart Hall, « The West and the Rest: Discourse and Power », *in* S. Hall et B. Gieben (dir.), *Formations of Modernity, Understanding Modern Societies*, t. 1, Cambridge, Polity, 1992, p. 291 ; voir aussi Stuart Hall, « The Work of Representation », p. 41-61. Stuart Hall examine les limites du modèle foucaldien dans « Qui a besoin de l'identité ? », *Identités et Cultures. Politiques des* cultural studies, trad. fr. C. Jaquet, Paris, Amsterdam, 2017.

notamment par Henry Louis Gates Jr. s'approfondit dès lors que Hall montre, de son propre point de vue, tout ce que peuvent faire la métaphore et la métonymie.

Dans la mesure où l'activité différenciatrice de la chaîne signifiante prévaut, la critique poststructuraliste de l'unité du signe révèle que les substitutions et combinaisons paradigmatiques et syntagmatiques peuvent se prolonger indéfiniment, constituant un processus potentiellement infini de sémiose, si l'on retarde ou diffère le moment où la chaîne signifiante est fixée et close. Pour Hall, la puissance par laquelle la « différence » active les propriétés polysémiques de la langue implique que toute institution et toute activité organisée revendiquant une autorité doit constamment travailler à contenir les potentialités multidirectionnelles de la sémiose. La limitation du libre jeu du signifiant dépend ainsi entièrement de l'endroit de la chaîne signifiante où sont placés les points de capiton, lesquels imposent une fixité à un matériau signifiant qui est intrinsèquement polyvalent.

Constatant les significations multiples et souvent contradictoires prises par le concept de « race » à l'ère des empires, l'historienne Catherine Hall souligne qu'une telle multiplicité d'accents a une importance politique déterminante : du fait du « caractère fondamentalement dialogique de toute interaction et de l'impossibilité de déterminer définitivement comment les significations sont reçues », « la possibilité d'une lutte concernant les significations » existe toujours[10]. C'est précisément la possibilité

10. Catherine Hall, « Introduction », *in* C. Hall (dir.), *Cultures of Empire: Colonizers in Britain and the Empire in the Nineteenth and Twentieth*

de rompre avec des régimes de signification raciale oppressifs qui est en jeu dans la puissance polysémique de la différence, ce qui fait du discours le medium à travers lequel des sujets historiquement subordonnés peuvent transformer le code dominant et entrer en résistance, non pas en en sortant pour parler une langue radicalement différente – qui serait dès lors inintelligible – mais en déplaçant le point de capiton où le glissement des significations s'achève dans l'articulation de signes mutuellement intelligibles.

Lorsqu'en 1940, dans *Dusk of Dawn*, Du Bois déclare que la « race » définit une identité collective fondée sur le partage d'un héritage, cela fait bien longtemps qu'il est passé de l'objectif de l'« élévation raciale » à une perspective de gauche, et son énoncé ne s'appuie en rien sur la référence à une quelconque réalité biogénétique. Dès lors que le concept de race non seulement « lie les uns aux autres les enfants de l'Afrique », mais qu'il « s'étend à travers l'Asie jaune et jusque dans les mers du Sud », c'est que nous sommes en présence d'un signifiant glissant qui a été désarticulé et arraché au signifié auquel il était auparavant fixé, pour être réarticulé à une signification alternative grâce à un geste qui rebat radicalement les cartes en déplaçant le point de capiton dans la chaîne signifiante[11]. Articuler les identités africaines, africaines américaines,

*Centuries*, Manchester, Manchester University Press, 2000, p. 17 et 19.

11. W. E. B. Du Bois, *Dusk of Dawn: Toward an Autobiography of the Race Concept*, New York, Oxford University Press, 2014, p. 65-66. Appiah est plus tard revenu sur ses positions, à partir de l'examen de textes de la théorie sociale allemande qui ont influencé la conception de l'identité de Du Bois : voir Kwame Anthony Appiah, *Lines of Descent: W. E. B. Du Bois and the Emergence of Identity*, Cambridge, Harvard University Press, 2014.

asiatiques et pacifiques, comme le fait Du Bois, revient à construire une chaîne d'équivalence qui subvertit le code binaire et affirme au contraire un ensemble d'alliances anticoloniales susceptibles de le contrecarrer. Lorsque Hall porte son attention sur le sens du signifiant « noir » en tant que position subjective assumée par des Afro-Caribéens et des Asiatiques contre les blocs résiduels de discrimination de la société britannique, il révèle que cet acte transformateur de resignification – acte irréductiblement discursif – est la source de la rupture politique et lu changement social.

L'attention extrême de Hall, dans *Race, ethnicité, nation*, à la matérialité du discours permet ainsi de dissiper deux malentendus courants s'agissant du constructivisme discursif. Contrairement à l'idée que nous pourrions choisir entre des discours clos sur eux-mêmes et d'autres qui ne le seraient pas, Hall rappelle que le moment de fermeture *doit* nécessairement intervenir, puisque sans lui aucune corrélation entre signifiant et signifié ne pourrait être établie. Dans un effort pour être aussi clair que possible, Hall pose la question : « Peut-il y avoir une action ou une identité dans le monde sans fermeture arbitraire – sans ce qu'on pourrait appeler la nécessité d'une signification à la fin de la phrase ? Potentiellement, le discours est sans fin : c'est la sémiose infinie de la signification. Mais pour dire quoi que ce soit de particulier, il faut bien s'arrêter de parler. » Ainsi fait-il une distinction essentielle entre une modalité de fermeture temporaire, susceptible de révision, et restant donc toujours ouverte, et une approche visant l'irrévocabilité absolue dans sa volonté de mettre un terme définitif au glissement polysémique de la chaîne signifiante. Si « tous les mouvements sociaux qui ont tenté de transformer la société et ont exigé la constitution de nouvelles subjectivités ont dû accepter [...] la fermeture arbitraire, qui n'est pas la fin mais qui rend possible tant la politique que l'identité », la distinction faite par Hall permet de faire le partage entre les modes d'articulation radicalement démocratiques, qui étendent les chaînes d'équivalence de façon à ce qu'elles puissent inclurent des identités multiples autour d'une exigence politique, et des modes de fermeture autoritaires, dont la quête vaine d'irrévocabilité conduit à la violence contre ce qui est exclu du discours et rejeté dans son « extérieur » comme son autre irreprésentable et impensable[12].

Si l'on garde cette opposition à l'esprit en lisant les réflexions de Hall sur le « retour de l'ethnicité » à la fin du XX^e siècle et l'effondrement des frontières souveraines de l'État-nation moderne, on comprend que ses analyses découlent d'une position selon laquelle, contrairement à l'idée erronée qu'il n'y aurait rien en dehors du texte, « tout ce [qu'il veut] dire est qu'aucune pratique n'est finalement compréhensible hors du contexte de sa signification. Toutes les pratiques humaines sont ancrées dans la signification, mais cela ne veut pas dire qu'il n'y a rien d'autre que de la signification[13]. » En tant que sol consti-

12. Stuart Hall, « Minimal Selves », *in* L. Appignanesi (dir.), *Identity: The Real Me*, Londres, Institute of Contemporary Arts, 1987, p. 45.
13. Cité dans Julie Drew, « Cultural Composition: Stuart Hall on Ethnicity and the Discursive Turn », *JAC*, nº 18, 1998, p. 184.

tutif à partir duquel il est possible d'agir dans le monde du fait de la condition d'intelligibilité partagée qu'il assure aux acteurs sociaux, le medium discursif dans lequel les relations de pouvoir sont articulées aux identités dominantes comme subordonnées est en même temps un champ signifiant dans lequel les identités sont ouvertes à des possibilités de repositionnement, en vertu du glissement à l'œuvre dans tout discours.

Dans sa deuxième conférence, Hall observe que, bien qu'ils soient nés dans des conjonctures historiques différentes, les mouvements pour la justice raciale aux États-Unis et au Royaume-Uni étaient tous deux profondément sceptiques vis-à-vis du concept même d'« ethnicité ». Depuis les années 1920, l'Amérique se pensait comme une société multi-ethnique, une nation d'immigrants, et cependant le discours libéral de défense du pluralisme culturel excluait les citoyens d'origine africaine, car il établissait une frontière fermée rejetant au dehors tout ce qui ne relevait pas des « personnes d'origine ethnique blanche » et de la tolérance religieuse. En Grande-Bretagne, le multiculturalisme était rejeté par les mouvements antiracistes des années 1970 qui lui reprochaient de détourner l'attention des inégalités structurelles subies par les migrants issus des anciennes colonies. Mais ce qui frappait particulièrement Hall dans la prolifération des identités « à trait d'union » – qu'il s'agisse par exemple, en Europe, de Français algériens, d'Allemands turcs ou de Britanniques noirs ou encore, en Amérique du Nord, d'Américains asiatiques, d'Américains latinos ou d'Afro-Canadiens, pour n'en citer que quelques-unes, toutes constituant des symptômes du retour de l'ethnicité dans la conjoncture postcoloniale et post-mouvement des droits civiques – est que l'affirmation positive de différences qui s'y faisait jour contredisait le récit libéral selon lequel les attachements particuliers seraient voués à être finalement abandonnés au profit d'une rationalité civique fondée sur des principes universalistes.

Beaucoup s'accordent à dire que les années 1960 marquèrent le tournant à partir duquel l'exigence d'égalité céda la place à l'affirmation de la différence, mais que peut nous apporter de particulier le constructivisme discursif pour comprendre les conditions qui ont précipité cette rupture ? Tandis qu'à gauche du spectre politique, on déplore la disparition de la solidarité collective et on interprète la différence comme complice de l'atomisation consumériste, et pendant qu'à droite on attribue la responsabilité de l'effondrement des centres métropolitains historiques aux prétendues minorités elles-mêmes, Hall nous offre deux points de vue depuis lesquels renouveler notre vision des choses. Les déplacements et les arrachements produits par la mondialisation occupent la dernière partie de son analyse, mais il commence avec le « Noir » afro-asiatique en tant que figure d'une nouvelle ethnicité, dont l'émergence révèle un élément qui avait auparavant échappé à la généalogie du libéralisme *mainstream*.

Confrontés, quel que soit leur milieu social, à l'omniprésence de la discrimination, les migrants qui s'étaient installés en Grande-Bretagne après la guerre sous les auspices de la loi de 1948 sur la nationalité – qui garantissait à tous les sujets coloniaux le droit d'entrée et de séjour au Royaume-Uni – furent, pour le moins, choqués. Du fait de leur histoire et de leur expérience coloniales communes, la plupart des migrants n'ignoraient rien de la britannicité, et s'attendaient à être traités en conséquence, mais la triste réalité des émeutes de 1958 puis, dix ans plus tard, l'essor d'Enoch Powell manifestaient plutôt le développement d'un racisme post-impérial, signe du déclin du rêve libéral de l'assimilation. Interprétant ce moment post-assimilationniste comme l'indice d'une « rupture avec le discours de l'universalisme et de l'humanisme libéral des Lumières qui avait jusqu'à un certain point constitué l'une des prémisses des luttes de résistance », Hall nous fait accomplir un déplacement historiographique analogue aux sauts narratifs auxquels le cinéma nous a habitué. Le choc qu'éprouvèrent les colons afro-asiatiques était en effet comme un écho lointain de la réponse que Toussaint L'Ouverture reçut de l'Assemblée nationale en 1791, lorsque Haïti demanda l'abolition de l'esclavage sur la base de l'universalité des droits de l'homme, et se vit opposer la différence culturelle comme fin de non-recevoir à toute revendication d'égalité. Hall met ainsi en lumière, sous l'idéal universaliste d'égalité, un particularisme assimilationniste construit sur la base du codage binaire de la race opposant « eux » et « nous ». En d'autres termes, l'accession à l'humanité est depuis toujours conditionnée par le fait d'être « civilisé » et non « barbare ».

En 2000, Hall passa en revue la « question multiculturelle » dans un texte qui analysait de façon exhaustive la « prolifération subalterne de la différence », mais déjà dans *Race, ethnicité, nation* l'essentiel était formulé[14]. Dans la mesure où il conditionnait l'accès aux droits du citoyen à l'homogénéité culturelle, l'universalisme libéral reposait sur une équation assimilationniste selon laquelle devenir moderne politiquement signifiait devenir occidental culturellement. Pendant les deux siècles – de 1789 à 1989 environ – au cours desquels ces récits furent maintenus intacts par les idéologies eurocentristes, la norme implicite était que l'humanité était à tout jamais marquée par la frontière, mise en place par les codes binaires du discours racial, entre « eux » et « nous ». C'est ce noyau indicible de dénégation qui éclata avec la décolonisation et les mouvements sociaux des années 1960.

Pour bien sentir à quel point cette équation était profondément enracinée, qu'on se représente combien fut ardue la tâche de Stuart Hall lorsqu'il eut à rendre hommage à son ami, Raymond Williams, l'une des figures fondatrices des *cultural studies* britanniques. La conception organique de l'appartenance communautaire qui était celle de Williams, et qui l'amenait à la distinguer de la simple citoyenneté, impliquait que les liens unissant les membres du groupe dépendaient de continuités générationnelles et géographiques excluant *de facto* les migrants, par définition en mouvement. Explicitant ce présupposé, Hall soutenait au contraire qu'« il ne devrait pas être nécessaire d'avoir exactement l'apparence, la démarche, les sentiments, la façon de penser et de parler [...] d'un

14. Stuart Hall, « La question multiculturelle », *Identités et Cultures. Politiques des* cultural studies, *op. cit.*

“Anglais libre de naissance” *culturellement* pour que l’on vous reconnaisse tant la courtoisie banale et le respect propres aux relations sociales civilisées que des droits civils et politiques[15] ». Et en effet, à la lumière de l’opposition posée par Hall entre les codages fermés et ouverts de la différence culturelle, nous comprenons que les versions assimilationnistes et absolutistes de l’ethnicité ont toutes deux tendance à glisser vers une construction forte de l’*ethnos* qui doit fermer ses frontières pour garantir l’intégrité de la composition précaire de son identité collective.

Mais les cultures hybrides peuvent-elles assumer seules la responsabilité d’élaborer des formes plus vivables de communauté imaginée ? Le *backlash* anti-hybridité du milieu des années 1990, lors duquel les espoirs investis dans les identités « à trait d’union » furent éclipsés par la montée du fondamentalisme islamique, conduisit les chercheurs en sciences sociales à considérer que les *cultural studies* n’avaient rien de pertinent à apporter pour penser le problème des musulmans britanniques ou celui du sort des réfugiés somaliens[16]. Mais les approches purement empiriques ont tendance à perdre de vue le principe que Hall suivait au contraire en toute

15. Stuart Hall, « Culture, Community, Nation », *Cultural Studies*, n° 3, 1993, p. 360.

16. Sur la critique des *cultural studies*, voir Pnina Werbner et Tariq Modood (dir.), *Debating Cultural Hybridity: Multi- Cultural Identities and the Politics of Anti- Racism*, Londres, Zed Books, 1997. Inversement, on reconnaît très largement la profonde influence de Hall sur le champ des études transnationales, qui s’est imposée à partir du début des années 2000 et a contribué à rapprocher sciences sociales et humanités, voir, entre autres, Sanjeev Khagram et Peggy Levitt (dir.), *The Transnational Studies Reader: Intersections and Innovations*, New York, Routledge, 2008.

circonstance, à savoir qu'en identifiant l'ambivalence des forces contradictoires à l'œuvre dans la conjoncture globale, nous nous donnons le moyen de comprendre la culture non pas comme une réponse à des problèmes politiques, mais comme le point d'accès à une vision plus large des ressorts de la crise, dont le caractère irrésolu signifie que le présent est toujours ouvert à la contingence, ce paramètre imprévisible. En 1998, soit l'année du cinquantième anniversaire de l'arrivée de l'*Empire Windrush*, le navire qui amena l'un des premiers grands groupes de migrants jamaïcains en Grande-Bretagne, l'enquête officielle concernant la mort de Stephen Lawrence, un adolescent noir, attribua son décès au racisme institutionnel de la police municipale de Londres. L'attention de Hall à de telles lignes de faille, « doublement inscrites par la coexistence de la vitalité de l'hybridation et de l'omniprésence du racisme », prend une dimension nouvelle et s'étend à l'échelle du monde dans les conférences réunies dans cet ouvrage, qui replacent également les contradictions de la mondialisation dans la longue durée de l'histoire mondiale[17].

Les coûts visibles des déplacements et des arrachements du monde post-industriel furent déclenchés – de Detroit à Rochdale – par l'économie néolibérale. Dans sa troisième conférence, Hall se demande en conséquence pourquoi la différence culturelle occupe une place si prépondérante dans la réponse spécifiquement politique qui prend la forme de fondamentalismes religieux, qu'ils

17. Stuart Hall, « The Windrush Issue: Postscript », *Soundings*, nº 10, 1998, p. 192.

soient musulmans ou chrétiens, ou, dans les pays anciennement communistes d'Europe de l'Est, de l'ethnonationalisme, ou enfin, en Grande-Bretagne, du peu séduisant courant du « Little Englandism » ? Bien que leur contenu soit extrêmement différent, toutes ces tendances sont des symptômes de la désintégration de l'État-nation sous sa forme classique.

Reconnaissant avec des historiens du nationalisme comme Ernest Gellner et Benedict Anderson que les nations sont des constructions précaires du fait de leur caractère inventé, Hall intègre à son analyse la race et ethnicité, là où l'historiographie marxiste les laissait de côté, parce que son cadre discursif met en évidence la polysémie ambivalente qui fait que les éléments constitutifs de l'appartenance nationale peuvent prendre des chemins politiquement divergents, selon la façon dont ils sont articulés. Pour Hall, la perspective de Gellner, pour qui les nations assuraient un « toit » sous lequel les droits politiques étaient accordés sous condition d'homogénéité culturelle, minimise par trop la force brute par laquelle, dans le cas du Royaume-Uni par exemple, les ethnicités écossaises, galloises et irlandaises furent soumises à l'anglicité en tant qu'identité culturellement dominante visant à unifier la nation. De plus, en soulignant le caractère spécifiquement *culturel* des matériaux à partir desquels se construit toute identification collective, « Nations et diasporas » avance l'argument crucial selon lequel l'identité n'est pas première, et ne constitue pas le premier moteur de l'action politique, qui serait ensuite reflété dans la représentation, mais est elle-même dépendante de coordonnées spatiales et temporelles qui créent le sentiment de disposer d'un lieu sûr dans le monde. Dès lors que ces coordonnées sont bouleversées sous l'effet des arrachements induits par la « postmodernité mondiale », la nature fissile de ce qui était antérieurement cousu ensemble ou « suturé » pour construire une identité de masse devient accessible à des chaînes d'équivalence autoritaires, d'autant plus dangereuses qu'elles s'appuient sur la figure d'un autre qui sert d'ennemi autour duquel les liens brisés de l'appartenance doivent être rétablis.

Contrairement à l'individu de la perspective humaniste libérale, conçu comme source et origine de toute action signifiante, le sujet décentré appréhendé par le poststructuralisme – qui est dépendant de la langue, du discours et de la représentation pour lui fournir des positions à partir desquelles l'action et la pratique sont guidées par la signification –, dépend aussi à tout moment de ce qui n'est « pas soi », étant donné que ce qui est autre que moi est la condition du « je » – puisqu'on ne devient un sujet qu'en trouvant son chemin dans la langue. Derrière l'interprétation symptomatique de ce pourquoi la différence culturelle a pris une telle importance dans les conditions critiques de notre actualité, ce qui git toujours chez Hall, c'est l'inébranlable conviction que le sujet décentré n'est pas simplement fissile – c'est-à-dire susceptible de se défaire sous des pressions que la conscience méconnaît – mais que, lorsqu'il est désuturé de ses ancrages dans le temps et l'espace, donc à ce qui fournit aux identités la fiction nécessaire d'une cohérence et d'une indépendance du sujet, ce qui se révèle, sous le masque du moi, est le potentiel de violence de l'être humain. À l'instar de son frère jumeau, le désir, cette agressivité ne peut jamais être entièrement satisfaite, étant donné qu'elle naît du manque, du royaume du « non soi » qui est le sol sur lequel se construit l'humain.

Dans une discussion menée en 2007 avec Bill Schwarz et intitulée « Living with Difference », Hall affirmait avec fermeté que se demander comment « construire une vie commune, quelle qu'elle soit » nous demande de nous engager dans des pratiques discursives qui « dépendent d'un compromis, d'une conversation, d'un processus de traduction ». « Si j'abandonne ma burka, abandonneras-tu l'Union Jack ? », demandait-il ainsi. « Pour quelle différence suis-je prêt à mourir ? [...] Ou suis-je prêt à faire un compromis ? » Et il soulignait que, à l'heure où des phénomènes mondiaux précipitent « les cultures ensemble de façon contradictoire [...] en même temps que le multiculturalisme [...] s'efforce de gérer les problèmes créés par la mondialisation », la logique compensatoire de la traduction propre aux cultures diasporiques hybrides offre une clé d'interprétation qui ouvre à la pratique d'une politique de la différence comme négociation constante faite de concessions réciproques.

L'art est l'unique sphère de la culture où les peurs et les fantasmes indicibles investis dans la violence déchaînée contre l'altérité et la différence peuvent être intégrés à un discours et ainsi rendus dicibles, car « dans l'art, des choses sont dites comme elles ne peuvent l'être dans aucun autre domaine ». Dans la mesure où « l'art naît de l'expérience, [où il] est en même temps différent de l'expérience et la réfléchit de façon critique », il est moins un miroir de la réalité qu'un détour par la matière fissile dont est fait le sujet humain, étant donné que l'art « aborde nos investissements subjectifs sur un mode sur lequel nous avons moins de contrôle, selon des modalités qui sont moins [...] soumises à l'examen rationnel de nos visées et de nos intentions[18]. » Lorsque Bill Schwarz observe qu'« il y a aujourd'hui une telle soumission à l'idée de multiculturalisme que les domaines de nos vies dont il est flagrant qu'ils n'ont pas été transformés, et qui sont toujours assujettis à une logique raciale ou coloniale [...], manquent du vocabulaire nécessaire pour les rendre dicibles », nous comprenons en quoi l'engagement de Hall pour les arts visuels, dans la dernière partie de sa vie, découle directement de sa trajectoire constructiviste[19]. La puissance polysémique de la différence que le discours autoritaire s'efforce de refermer et de réduire à une fixité absolue est précisément ce que l'art libère de façon à rendre imaginable, et donc tangible, des réarticulations alternatives dans le champ signifiant, comme Hall le met en lumière dans un entretien vidéo de 2009 où il passe de « la différence et le multiculturalisme » à « la race, la diaspora et l'art[20] ».

---

**18.** Stuart Hall et Bill Schwarz, « Living with Difference: Stuart Hall in Conversation with Bill Schwarz », *Soundings*, nº 27, 2007, p. 150-153.
**19.** Bill Schwarz, « Crossing the Seas », *in* B. Schwarz (dir.), *West Indian Intellectuals in Britain*, Manchester, Manchester University Press, 2003, p. 3.
**20.** Mike Dibb, *Personally Speaking: A Long Conversation with Stuart Hall*, Northampton, MA, Media Education Foundation, 2009.

Plutôt que de chercher dans l'hétérogénéité de la vie humaine une irrévocabilité sans compromis, Hall nous invite à faire nôtre la source d'optimisme qu'il a trouvée lui-même dans la traduction. Traduire, c'est toujours *traverser*, ce qui est précisément ce que fait le migrant en tant que figure double, regardant à la fois d'un côté et de l'autre. Certes, on perd toujours quelque chose dans la traduction. Mais loin que cela constitue un défaut ou un manque, ce qui échappe au langage – ce qui résiste à la saisie par les codes et les conventions dominants – vivifie cet excès ou ce surplus, assurant ainsi que le dialogue reste ouvert, en mouvement.

**Récemment paru**
**aux Éditions Amsterdam**

François Bégaudeau
*Psychologies*

Hamza Esmili
*La Cité des musulmans*

Collectif
*Histoire de la techno*

**À paraître**

Eve Sedgwick
*Epistémologie du placard*

Achevé d'imprimer
pour le compte des Éditions Amsterdam
par les presses de SEPEC Numérique en décembre 2024

Numéro d'impression N00317241105

Dépôt légal à parution